JN271924

新・教職課程シリーズ

教育課程論
Curriculum and Teaching

田中智志・橋本美保[監修]
山内紀幸[編著]

一藝社

監修者のことば

　本書は、「一藝社　新・教職課程シリーズ」全10巻の1冊として編まれた教科書であり、「教職に関する科目」の「教育課程及び指導法に関する科目」の「必要事項」の一つである「教育課程の意義及び編成の方法」を扱う授業に対応しています。

　法令上、教育課程とは、学校の教育的諸活動についての総合的なプランです。このプランは、具体的にいえば、「教育目標」と「教育内容」と「授業時数」から構成され、それらは「教育課程編成の基本的な要素」と呼ばれています。これらの要素は、基本的に法律によって規定されていますが、同時にそれぞれの学校で、情況に応じて具現化されるべきものでもあります。

　学校が置かれている情況は、じつにさまざまです。学校段階の違い、学校規模の違い、校風の違い、地域環境の違い、子どもたちの発達段階の違い、子どもたちの生活環境の違い、そして子どもたち一人ひとりの違いが、学校の置かれている情況を多様なかたちで規定していきます。

　しかし、それぞれの学校の置かれている情況がどれほど違っても、変わらないことがあります。それは、教育課程が子ども一人ひとりのよりよい人生に資するためにあるということです。ただし、この普遍的な目的を実現するために、法令に定められている「教育目標」をそのまま子どもたちに教えても、成果はあがりません。また、「教育内容」すなわち各教科の教科書に書かれていることをそのまま子どもたちに覚えさせても、この普遍的な目的を実現することはできないでしょう。

　子ども一人ひとりのよりよい人生に資するというこの普遍的な目的を実現するためには、カリキュラムという概念が必要です。カリキュラムは、しばしば教育課程と同じものと見なされますが、ぴったりと重なるものではありません。カリキュラムは、教師の教える内容・教え方を意味するとともに、子どもたちの学ぶ内容・学び方も意味しているからです。いわば、

カリキュラムは、教師と子どもとの相互活動が織り成す道程です。子どもたちが学ぶ内容には、教師が直接教えない内容も含まれています。その中には、子どもたちの意気を消沈させたり、諦めに向かわせるものも含まれています。しかし、教師が教え方を工夫し、また子どもたちも自分に合った学び方を工夫し、教師の教える内容が子どもたち一人ひとりの学ぶ内容を充分に深め、そしてその志しを高めるとき、そのカリキュラムは、先に述べた普遍的な目的を実現することができるはずです。本当によくわかることは、このうえない歓びの一つであり、その歓びは、より深く、より気高い知性へと、子どもたちを導くからです。

　教育者としての教師は、たんに知識技能のインストラクターではなく、人生へのファシリテーターでもあります。それは、人が生きるとはどういうことか、この容易に答えられない問いに、自分なりの答えをもって、子どもたちに真摯に臨むことです。「教育内容」と呼ばれるさまざまな知識・技能を、たんなる事実認識・方法手段として教えるのではなく、子どもたち一人ひとりの生活に即し、可能なかぎりその人生に寄り添いつつ教えること、すなわち学びを喚起することが大切です。

　教育課程は、それがカリキュラムという相互活動の道程として具体化されるときに、はじめて生き生きとしたものとなります。本書は、小学校の校長でもあり、教育課程の編成に長く携わってきた山内紀幸氏の明解な編集方針のもと、教育課程の全体をわかりやすく示すことで、子どもたち一人ひとりに、人として真に豊かに生きるための、もっとも重要な方途を示唆する教科書となっています。

　教職を志すみなさんが、本書をつうじて、人間性豊かな、よりよい教育実践の学知的な礎を築かれることを、心から願っています。

2013年8月吉日

監修者　田中智志
橋本美保

まえがき

「教育する最大の秘訣は、教育しないことである」

これは、スウェーデンの有名な教育思想家、エレン・ケイの言葉である。私は大学1年生の時に、この言葉に出会った。そのときは、教育学部に入りたての中学校か高校の先生を目指す若者であった。「教育することはいいことで、教育することは人のためになる」と信じ込んでいた。そうした当時の私に、「教育しないこと」というフレーズは、衝撃的であった。

いまここで、この言葉に触れて、子ども中心主義のリバイバルを目指そうとしているわけではない。教育課程論を語る上での「反省知」として、この言葉を取り上げてみたいのである。

幼稚園・保育所から大学・大学院までの教育システムが機能している現代社会においては、実際に教育を受けないで生きていくことなどありえないし、学習者本人の思いに関係なく各教育機関において教えるべき教育内容が決められている。教育課程論とは、本来的には、その教育内容をいかに効果的・効率的に学習者に供与できるかという課題に資する学問分野であるし、そのことで教育システム全体を肯定していく学問分野である。教員養成プログラムにおいても、「教育をしないこと」など想定されない。

「教育課程論」は、「教育計画」「教育実践」「教育評価」からなり、すでに「教育すること」は自明のこととしてある。その「教育すること」の自明性があるからこそ、教育者は迷いなく教育活動を実践できるのであるが、と同時にそれは絶対化されてしまう危険性がある。教師としての自らの計画、自らの実践、自らの評価は、指摘されれば多少の問題はあるかもしれないが、それでも子どものためになっていると思い込んでいる。決して自分の行為が「子どもたちの貴重な時間を無駄に奪っているかもしれない」「教育という名の下に子どもの本当の学習の邪魔をしているかもしれない」とは考えない。

「教育すること」の自明性を問い、教育の質を検証していくためには、あえて「教育しないこと」を考えることが必要ではないかと思う。この教科、この運動会、この音楽会は、本当に必要なのか。必要とすれば、それはなんのためなのか。この単元、この授業、この展開、この作業は本当に必要なのか。必要とすれば、それはなんのためなのか。このテスト、この通知表、この評定は、本当に必要なのか、必要とすればそれはなんのためなのか。

　教育課程論という「教育をすること」を前提とする学問領域で、あえて「教育しないこと」を考えることは、自虐的な行為に見えるかもしれない。

　だからこそ読者のみなさんには、あえて「教育しないこと」を考えてもらいたい。いろいろな教育課程（計画・実践・評価）のバリエーションを、「教育しないこと」までの広さで考えてほしいからである。「教育すること」の対極にある「教育をしないこと」を常に意識することで、逆説的ではあるが、「よりよく教育すること」を考えられるようになると思う。本書で述べられている「教育課程論」を超えて、さらに豊かなあなたの教育課程論を生んでほしいと願っている。

　最後になったが、本教職課程シリーズの『教育課程論』の編者という身に余る機会を与えていただいた、監修者の田中智志先生、橋本美保先生に深甚の謝意を表する。また、編集に際しては、一藝社編集部の藤井千津子さんに力強く支えていただいた。厚く感謝を申し上げる。

2013年8月吉日

　　　　　　　　　　　　　　　　　　　　　　　　編者　山内紀幸

「教育課程論」もくじ

監修者のことば　3
まえがき　5

序章　教育課程への問い　11

第1節　教育課程とは
第2節　教育課程の構造
第3節　教育課程で問われるもの

第1章　戦後の教育課程の歩み　25

第1節　戦後「新教育」と経験カリキュラムの時代
第2節　教科カリキュラムへの転換
第3節　国際化・情報化社会における個性化・多様化路線
第4節　「詰め込み教育」でも「ゆとり教育」でもなく

第2章　カリキュラムの編成　39

第1節　カリキュラムの編成・実施・評価
第2節　カリキュラムの内容領域と構成
第3節　カリキュラムの実現様式

第3章　学力の射程　53

第1節　三つの学力モデル～知識と思考との関係に着目して～
第2節　第1の学力モデルの残存問題
第3節　第3の学力モデルの具体的事例
第4節　新学力観・「生きる力」・OECDコンピテンシー

第4章　教育環境の設定　67

第1節　学校建築の流れ
第2節　教科センター方式の中学校〈学校建築〉
第3節　教科センター方式の中学校〈学校組織〉
第4節　教科センター方式の課題

第5章　学習スタイルと授業形態　81

第1節　学習スタイルや授業形態を検討する
第2節　学習スタイル
第3節　授業形態

第6章　授業をつくる技術　95

第1節　授業の目標・ねらい
第2節　授業のデザイン
第3節　授業の実践

第7章　授業のデザイン　109

第1節　年間指導計画作成と学習指導案作成
第2節　学習指導案略案の作成
第3節　学習指導案細案の作成
第4節　模擬授業の実践とその意義

第8章　協同する授業　123

第1節　協同する授業とは何か
第2節　協同する授業の利点と課題
第3節　協同する授業づくりのために

第9章 プロジェクト活動の展開　*137*

第1節　プロジェクト活動の歴史
第2節　プロジェクト活動実践例
第3節　プロジェクト活動をどのように行うのか

第10章 教育評価の理論　*149*

第1節　「教育評価」の成立事情
第2節　絶対評価
第3節　相対評価
第4節　目標に準拠した評価

第11章 教育評価の実際　*163*

第1節　「学習指導要領」の学力観と評価
第2節　「指導要録」の実際
第3節　「通知表」の実際

第12章 パフォーマンス評価　*177*

第1節　パフォーマンス評価の特徴
第2節　パフォーマンス評価の方法
第3節　学校ぐるみでの取り組み

第13章 学校マネジメントと学校評価　*191*

第1節　教育課程とその編成基準
第2節　教育課程編成における教育委員会の役割
第3節　教育課程と学校マネジメント
第4節　学校改善のための学校評価
第5節　学校マネジメントにおける課題

終章　教育課程の課題　*203*

　　第１節　教育課程をめぐる論争
　　第２節　変わる学力観
　　第３節　教育課程の課題

監修者紹介　*217*
編者・執筆者紹介　*218*

序章

教育課程への問い

山内紀幸

はじめに

「あなたの出身高校の教育課程を教えてください」と聞かれたら、どう答えるだろう。「私の高校では、現代文と古典と数学Ⅰが必修で、日本史と地理は選択だった。英語は3年間あって、運動系の部活動は、野球部、バスケ部、バドミントン部、卓球部があった」と答える人もいる。「僕の高校は、商業高校で、簿記や財務会計、情報処理などの授業があって、文化系の書道部や茶道部の活動が盛んだった」と答える人もいる。いずれも「教育課程」を言い当てた発言である。だから、読者のみなさんはすでに「教育課程」についてイメージを持っていることになる。

でもそのイメージだけが「教育課程」ではない。ここでは、「教育課程」の概念について掘り下げ、私たちが「教育課程」について何を学んでいくべきなのかを考えていく。

第1節　教育課程とは

1　教育課程とカリキュラム

「教育課程」は、英語でいう「カリキュラム（curriculum）」の訳語である。かつては「教科課程」や「学科課程」といわれる場合もあったが、戦後まもなくから「教育課程」と呼ばれるようになり、現在では「教育課程」という語が一般的となっている。

カリキュラムは、もともとラテン語の「クレーレ（currere）」を語源としている。「クレーレ」とは、競技場の「コース」のことである。陸上のトラック競技を思い浮かべてほしい。決められたゴールに向かって、準備された道が「コース」である。だから、カリキュラムには、「目標に向かって用意された道」という意味が含まれている。

あなたの出身高校には校訓として、「質実剛健」「真善美」などこうなっ

てほしいという人物像があったはずである。それは、その高校が目指すゴール（＝教育目標）である。各学校は、そうした教育目標を達成するために、1年生では「数学Ⅰ」「理科総合」を必修にしよう、2年生では「現代文」を必修にして、「古典」か「漢文」を選択させよう、英語は3年間通じて行おう、学校行事は合唱大会と競歩大会にして心と身体を鍛えよう、クラブ活動は吹奏楽部の活動を強化しよう、など、「コース」を準備していくのである。

2　広がる教育課程の概念

　しかし、どこか違和感はないだろうか。それぞれの高校の校訓はさまざまであるのに、普通科であれば、どこの高校も生徒が履修する教科にはあまり大きな違いはないように見える。また、そもそも「現代文」「数学Ⅰ」を学年に配列するだけで、教育目標が達成されるのだろうか。実際に授業がどのように行われるかによって、生徒の成績は大きく変わるはずである。学校の教育計画にもまして、むしろ教師の教育実践が教育成果の可否に大きくかかわるのではないか。もっと言えば、どれだけ学校が「コース」を準備しても、実際に走る当事者の生徒は本当にそれを学んだのだろうか。

　図1を見てほしい。高校を例に前項で見てきた教育課程は、学校レベルの「計画されたカリキュラム」である。各学校は好きなように教科や教科外の活動の内容や種類を学年に配当できるわけではなく、国家レベルの「制度化されたカリキュラム」の影響を強く受けている。教育基本法や学校教育法などの法令の理念や、「学校教育法施行規則」「学習指導要領」などの政策上の制約を受けるのである。

　この国家レベルの「制度化されたカリキュラム」と学校レベルの「計画されたカリキュラム」は、子どもたちに何を教えるのかを中心課題としている。国家として、学校として、何をいつ子どもたちに教えていくのかについて考えること、それがこれまでの「教育課程」のとらえ方であった。

　しかし、「何を教えるか」を国家や学校レベルで一生懸命考えたとして

図1●広がる教育課程の概念　(筆者作成)

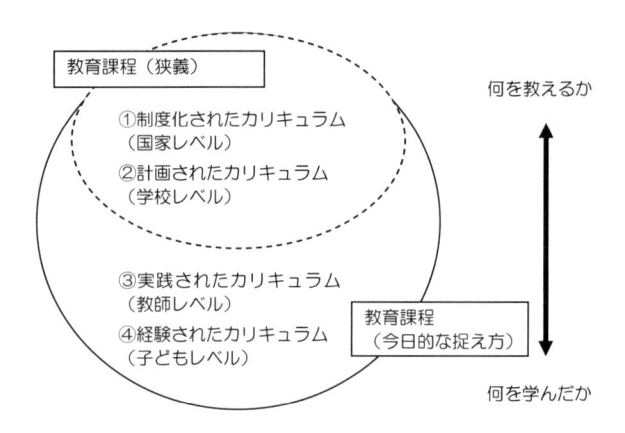

```
教育課程（狭義）
  ①制度化されたカリキュラム
    （国家レベル）
  ②計画されたカリキュラム
    （学校レベル）

  ③実践されたカリキュラム
    （教師レベル）
  ④経験されたカリキュラム
    （子どもレベル）
教育課程（今日的な捉え方）

何を教えるか ←→ 何を学んだか
```

も、実際にそれが伝わるかどうかは教師の授業実践にかかっている。授業計画はもとより、授業技術、教師の態度、教室環境、教材やメディアの選択などによって、授業における子どもたちの学習の質と量が左右される。また、授業はそのまま教育計画を遂行する営みというよりも、絶えず子どもの関心や反応のフィードバックを受ける、まさにライブとしての性格を有している。教師が行う教育実践は、いわば子どもたちとの共同作業の側面がある。こうしたさまざまな要因が関係する「実践されたカリキュラム」という視点は、これまであまり意識されてこなかった。

　さらに、教育課程の考え方で、ほとんど考慮されてこなかったことは、こうしたカリキュラムが子どもたちに、どのように経験されたかということである（「経験されたカリキュラム」）。国家レベル、学校レベル、教師レベルでどれだけ計画し実践しようが、授業を通じてどんな学習経験をしたか、つまり「何を学んだか」の評価なしには、教育課程の成否は検証できないのである。

　近年、「教育課程」概念は、こうした国家レベルや学校レベルの教育計画だけでなく、カリキュラムがどのように実践されているのかという「教育実践」や、子どもが実際に何を学んだのかという「学習経験」を含みこ

んだものとしてとらえるようになってきた。「何を教えるか」に力点を置くそれまでの「教育課程」と区別するために、こうした広義の「教育課程」を「カリキュラム」と呼ぶ場合もある。

第2節　教育課程の構造

1　裏のカリキュラム

　図1のさまざまなレベルのカリキュラムの構成要素を示したのが**表1**である。その要素のいずれも見えるものである。法律は明文化されているし、「学習指導要領」は書店にも並んでいるし、学校が毎年作る「学校年間計画」は生徒や保護者に公開されている。

　こうした「表のカリキュラム」とは別に、見えない「裏のカリキュラム」もある。それは「潜在的カリキュラム」「隠れたカリキュラム」とも呼ばれている。

　「裏のカリキュラム」は、国家レベルにおいても存在している。教育基本法の第1条（教育の目的）にある通り、教育の究極の目的はそれぞれ個人の「人格の完成」にある。しかし、法律には明記されなくとも、経済上あるいは軍事戦略上、科学技術を担う理数系に強い人間を育てたいという

表1●カリキュラムの構成要素　　　　　　　　　　　　　　　　（筆者作成）

①制度化された カリキュラム	教育基本法、学校教育法、学校教育法施行規則、学習指導要領、文部科学省令、国家試験内容、など
②計画された カリキュラム	学校年間計画、教育課程編成表（時間割）、学校保健計画、防犯防災計画、学校建築、施設設備、教科書選定、など
③実践された カリキュラム	授業計画、授業方法、教室環境整備、教育方法の工夫、授業技術、教育資源の利用、教育評価方法、学習者の態度、など
④経験された カリキュラム	学習者が獲得した概念、学習成果、など

国家的意図が存在し続けている。また、人生の節目節目の選抜手段にも隠された了解がある。大学センター試験も、国が行う各種の国家試験も、人格の評価が重視されているわけではない。圧倒的に記憶力や認知力を問うペーパーテストが重視され、そうした能力に長（た）けた人物（＝「認知エリート」と呼ばれる）にとって有利に働くシステムが構築されている。

　もちろん、学校レベルにおいても、教育基本法の「人格の完成」という究極目的を目指さなければならない。実際に多くの高等学校で「人格形成」に関連した校訓を見ることができる。しかし、「人格」が完成したから卒業、という学校はない。高校在学中には、人格の完成を求められるというよりも、大学への進学を勧める風土、少しでも名前の知れた偏差値の高い大学に行くことへの無言の圧力を感じてきたのではないだろうか。見える形での成果を求める業績主義が「裏のカリキュラム」として機能している一例である。

　教室レベルにおいても、数学の教師は、単に数学の知識の伝達だけを行っているわけではない。言語、あるいはその振る舞いや態度によって、無意識にさまざまなことを教えている。たとえば、教室での生徒の発言を規制することで、教師の意見に同調することを無意識に教えたり（同調志向）、ある生徒の逸脱行為を批判することによって集団志向を暗に伝えたりしている。また、テストの結果を発表することで競争の意味を伝えたり、遅刻してきた生徒にペナルティーを与えることで、周りに規範順守の大切さを暗黙に教えていたりしている。学校レベル、教室レベルでの「裏のカリキュラム」は、学校文化としてあるいは、教師の振舞いとして、社会が求める規範を無意識に子どもたちに伝達しているのである。

　もちろん、こうした「裏のカリキュラム」は、国家レベル、学校レベル、教室レベルと明確に分けられるものではなく、その国の文化や風習が影響を与えているものもある。たとえば、日本の場合はアメリカに比べて、より集団への同調志向が強いとされている。

2 学校教育から排除されているもの

「表のカリキュラム」と「裏のカリキュラム」を考えるということは、「学校教育」そのものを考えるということでもある。確かに、学校教育の「表のカリキュラム」のバージョンは、国家レベルでも学校レベルでも常に変化していっている。「学習指導要領」は10年ごとに改訂されているし、学校の重点目標も毎年改定されている。「裏のカリキュラム」も時代による多少の変化はあるかもしれない。

しかし、表と裏のカリキュラムで学校教育が形作られていると考えるならば、19世紀後半に全世界的に国民学校ができ始めたときから、その基本的な構造は大きく変わっていない。私たちのイメージする学校教育は、近代社会が生み出した産物であるのだから、近代社会が支持するものが肯定される場であり続けるのである。少なくとも義務教育はその呪縛を免れることはできない。表と裏のカリキュラムが支持するものと排除するものをまとめたのが**図2**である。

図2●学校教育が支持するもの、排除するもの　(筆者作成)

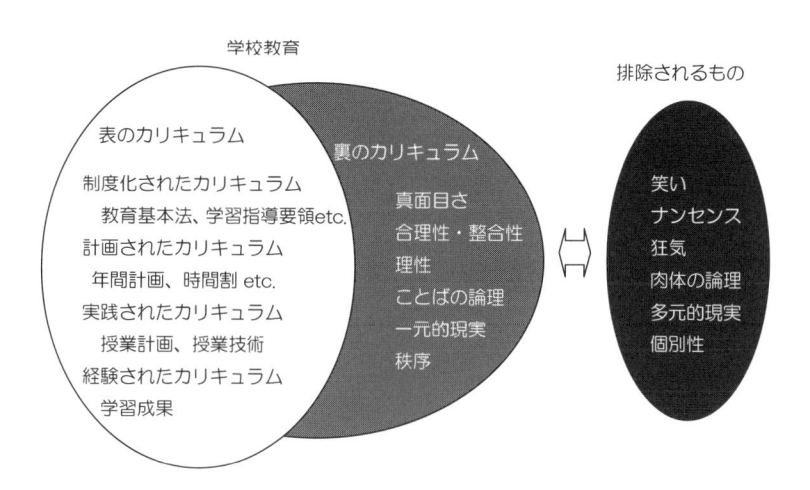

学校教育

表のカリキュラム
制度化されたカリキュラム
　教育基本法、学習指導要領etc.
計画されたカリキュラム
　年間計画、時間割 etc.
実践されたカリキュラム
　授業計画、授業技術
経験されたカリキュラム
　学習成果

裏のカリキュラム
真面目さ
合理性・整合性
理性
ことばの論理
一元的現実
秩序

排除されるもの
笑い
ナンセンス
狂気
肉体の論理
多元的現実
個別性

裏のカリキュラムでは、「真面目さ」「合理性・整合性」「理性」「ことばの論理」「一元的現実」「秩序」が支持され、表のカリキュラムと密接に結びついている。「真面目さ」は、何事にも、一生懸命、真剣に取り組むことを指す。「合理性・整合性」は、科学的知識ということもできるだろう。役に立って説明できる知見のみ、学校で扱うことができる。「理性」はルールを守り、正しい良識的な判断ができるということ。「ことばの論理」は、言語や活字を通じて計画、授業活動が行われるという意味である。「一元的現実」とは、時間割に象徴されるように、全ての子どもが同時に同じ目的に向かって活動するということ。「秩序」とは、集団志向を表わしている。

　こうした「裏のカリキュラム」で支持されるものは、同時に「笑い」「ナンセンス」「狂気」「肉体の論理」「多元的現実」「個別性」を学校教育から排除していく。ここで、学校教育を支える表と裏のカリキュラムが間違っているということを言いたいわけではない。「社会人を育てる場」として学校をとらえるならば、「真面目さ」「合理性・整合性」「理性」「ことばの論理」「一元的現実」「秩序」は必要な要素である。それは近代社会の原理であり、社会システム上は正しい。

　しかし、あえてここで、この問題を取り上げたのは、「人間形成を支える場」として学校を見た場合、近代社会の原理では収まらない重要な要素があるからである。これまでの経験で楽しかった授業を思い出してほしい。その授業には、笑いやユーモアがなかったろうか？　笑いがむしろ物事を見る新しい視点を提供したり、物事の本質をつくこともあるのではないか。「体育祭」や「学園祭」が盛り上がるのはなぜか。「理性」の論理ではない、むしろ「狂気」の論理に近かったからではないか。

　「表のカリキュラム」と「裏のカリキュラム」が支持するものが、絶えず正しいというわけではない。すくなくとも教師レベルの「実践されたカリキュラム」や子どもレベルの「経験されたカリキュラム」を考えていく際には、それまで暗黙に排除されているものの中に、21世紀の新しい教育課程を創造していく際のヒントがあるのかもしれない。

第3節　教育課程で問われるもの

1　教育計画への問い

　教育課程は、単に教育を計画するレベルにとどまるものではなく、子どもの学習経験までを含みこむ。それを受けてここでは、教育課程を以下のように定義しておく。「教育課程とは、子どもの発達を考慮しつつ必要な文化を組み入れた教育計画、それを基に子どもの学びを最大化させるための教育実践、子どもの学習経験の評価、の三つの側面からなる総合的取組である」と。

　この三つの側面について、それぞれ見ていく。教育計画は人為的な行為であり、そこには子どもの発達を踏まえた上で、与えるべき文化（教育内容）の選定作業が入ってくる。それを教育意図と読んでもいい。それは国家レベルの「学習指導要領」の教育内容だけにとどまるのでははく、学校レベルの教育課程の編成も含まれる。問われることは、その意図の正当性とその意図の実現性である。教育計画だけでも細かく見れば、**表2**の通り

表2●教育計画への問い　　（『新しい時代の教育課程』より）

正当性への問い	目的論	教育目標、獲得すべき学力など
	学校論	学校のあり方、地域連携のあり方など
実現性への問い	教科論	教科の必修・選択、各教科の存在理由など
	編成論	各教科の内容と系統性など
	履修論	履修・進級・卒業の原理など
	接続論	各学校段階のカリキュラム配置と接続など
	課程論	学校運営指針、課程編成
	施設・設備論	学校建築、設備備品、教具の配置など

さまざまな問いが生まれてくる。

2　教育実践への問い

　先に見たように、教育実践は複雑な要素からなっている。授業計画、授業方法、教室環境、教育方法、授業技術、教育資源の利用、教育評価方法、学習者の態度、とその研究対象は限りない。詳細はここでは割愛するが、教育実践を見るときに、私たちが必ず持たなければならない問いがある。それは、「目の前の子どもは本当に学んでいるのか」という問いである。

　表3を見てほしい。教育実践はⅠ型やⅣ型のように単純な図式ではない。上手に教育実践を行っているように見えても、実際には子どもが学んでいないこともある（Ⅱ型）。そして、案外よくあるのが、子どもが教師の授業にお付き合いしてくれて、学んでいるふりをしている場合である（Ⅲ型）。さらには、教師が積極的な働きかけをしなくても、子どもが自ら学んでいくという教育実践もある（Ⅴ型）。

　「教える」の視点だけでは、何がいい教育実践かは見えにくくなる。教育実践のどんな要素（授業技術、教育資源、教室空間 etc.）を検証するにも、その教育実践が子どもの学びを最大化させているのかどうか、という問題意識を持ち続けたい。

表3 ●教育実践をみる視点　　　　　　　　　　　　　　　（筆者作成）

	教師	子ども
Ⅰ型	教える	学んでいる
Ⅱ型	教える	学んでいない
Ⅲ型	教える	学んでいるふりをしている
Ⅳ型	教えない	学んでいない
Ⅴ型	教えない	学んでいる

3　学習評価への問い

「子どもの学習経験の評価」というと、定期試験でのペーパーテストを思い浮かべるかもしれない。しかし、この学習評価の問題は、一番難しい問題であるし、今後も解決が難しい問題である。なぜならば、子どもの学習経験を評価する、唯一の客観的評価など存在しないからである。見方によって、評価が正反対になることもある。

たとえば、あなたが英語のテストで55点を取ったとしよう。それをどのように評価するか。選抜試験でトップならA評価で合格とする場合もあるし、大学の評価なら60点以下でD評価である。それまでの英語のペーパーテストで、20点しかとれなかったのに、いきなり55点をとれるようになったら、家族に「よくやったな！」と褒められるかもしれない。逆に100点ばかりとっていたのに、55点だったら、先生に心配されるかもしれない。そもそも、今回のペーパーテストが、あなたの英語力を正しく評価しているのかという問題もある。

このように学習成果は、「だれが」「いつ」「なにを」「どのように」という要素を変えただけで、評価結果が変わってくるのである。学習評価について考えるとき、私たちが念頭に置かなければならないのは、三つの問いである。

一つ目が、「何を学習成果とみるか」という問いである。先の例からすれば、英語力をどうとらえるかという問題である。日常英会話なのか、センター試験に対応する英語なのか。それには、学力論、能力観が深く関連してくる。

二つ目が、「どのように正当に評価するか」という問いである。たとえば英会話の能力を測りたいのであれば、ペーパーテストではその能力を正確に測ったことにはならないだろう。実際の具体的な場面を設定して、ネイティブスピーカーとの対話を見る方が正当な評価である。また、想定される子どもの能力は測りやすいものばかりでない。興味関心、応用力、芸術性、表現力といわれる力のように、客観的な評価が難しい場合もある。

重要なこうした力を、いかに正当に公平に評価できるのか。教育課程の研究で、もっとも難しい課題の一つである。

　三つ目が、「学習評価をどのように生かすか」という問いである。学習評価の結果は、学期末に子どもや、保護者に通信簿で伝えられるだけではない。「経験されたカリキュラム」の評価結果が、子どもや保護者への伝達にとどまることなく、次の教育計画や教育実践の改善につながっていかなければならない。現在、子どもの学習経験の評価に加えて、教師や学校によるさまざまな教育活動の自己評価を含んだ自己点検作業が、法的にも社会的に求められてきている。いわゆる「PDCAサイクル」といわれているものである。P（Plan 計画）、D（Do 実践）、C（Check 評価）を行い、A（Action 改善）へとつなげていく取り組みである。「学習評価をどう生かすか」という問いは、教育課程の改善の中核となる問題である。喫緊の課題として、形式的でない効果的な「PDCAサイクル」の研究が必要とされてきている。

おわりに

　以上見てきたように、教育課程を問うということは、学校教育への強い関心を持ちつつ、教育全体を問うことに等しい。現在へと続く「学習指導要領」の歴史はどのようなものか、カリキュラムはどういうタイプがあるのか、そもそも学力とは何か、教育環境はどう設定するのか、学習スタイルをどのように考えるのか、授業をどのようにつくっていくのか、授業技術をどのように活用するのか、授業計画をどのように立てていけばいいのか、学び合いや協同する授業はどんな授業か、プロジェクト活動とは何か、正しく学力を評価することは可能なのか、実際の教育評価はどのように行われるのか、ペーパーテストだけでない評価はあるのか、学校のマネジメントで求められているのは何か、など多岐にわたる。

　本書は、各章を通じて、こうした問いに答えていくものである。各章によって、私たちが知っている学校教育の教育課程をとらえ直し、新しい教育課程の創造へと結びつけていってもらえれば幸甚である。

【文献一覧】

柴田義松『教育課程：カリキュラム入門』(有斐閣コンパクト) 有斐閣、2000年

田中耕治・水原克敏・三石初雄・西岡加名恵『新しい時代の教育課程』(有斐閣アルマ) 有斐閣、2005年

田中耕治編『よくわかる教育課程』(やわらかアカデミズム・〈わかる〉シリーズ) ミネルヴァ書房、2009年

山内紀幸「グローバル社会における学力：コンテンツからコンピテンシーへ」田中智志編著『グローバルな学びへ：協同と刷新の教育』東信堂、2008年、pp.195-234

山内紀幸「新優生学と教育世界との拒絶／魅了の関係：1990年代アメリカの『ベル・カーブ論争』から」藤川信夫編著『教育学における優生思想の展開：歴史と展望』勉誠出版、2008年、pp.417-438

山口満編著『現代カリキュラム研究：学校におけるカリキュラム開発の課題と方法』学文社、2001年

第1章

戦後の教育課程の歩み

本田伊克

はじめに

　本章では、戦後から現在までの学習指導要領の変遷をたどることを通じて、現在の学校教育の教育課程の性格と課題に歴史的に迫る。そして、2008年（小・中学校）、2009年（高校）に行われた学習指導要領改訂のポイントをおさえ、授業実践上の可能性と課題を指摘する。

第1節　戦後「新教育」と経験カリキュラムの時代

1　「試案」としての学習指導要領

　ポツダム宣言受諾をもって連合国に降伏した日本はアメリカ占領下に置かれることとなった。戦時中の日本における教育は、国家主義・軍国主義的な性格の強い教育内容を、子ども個々の能力や関心を無視して一律に押し付け、教師がカリキュラムを自主的に定める権利を奪っていた。

　アメリカによる強力な指導と侵略戦争に加担した教育への痛烈な反省のもとで、民主主義と平和の実現を担う戦後教育の目的と方針を定めた教育基本法が制定（1947〈昭和22〉年）された。基本法の前文に明示された教育の目標は「個人の尊厳を重んじ、真理と平和を希求する人間の育成」であり「普遍的にしてしかも個性ゆたかな文化の創造」であった。

　『米国教育使節団報告書』（1946〈昭和21〉年）に示された進歩主義的なカリキュラム観に、日本の作成者の創意も加わって公刊された1947年版学習指導要領は、教科や他の指導領域の内容と取扱いについて基準を示した。だが、あくまで「試案」であり、学校において自主的に、児童・生徒の実態、地域特性などに即して具体的に教育課程を定めることができるとした。

2　新設社会科を中心とした生活単元学習

　1947年版学習指導要領は、「児童や青年が生まれつき持っているいろい

ろな活動の興味」のうちに見いだせる自発性を重視し、「児童や生徒が自分で考え、自分で試みて、一つの知識に達し、考え方に達し、技術に達しなければならない」とあるように、「経験カリキュラム」（第2章参照）を推奨するものであった。

小学校の教科の種類は、国語、社会、算数、理科、音楽、図画工作、家庭、体育および自由研究と定められた。戦前の修身、公民、国史、地理が廃止され、新たに社会、家庭、自由研究が設置された。

中学校は必修教科が、国語、習字、社会、国史、数学、理科、音楽、図画工作、体育および職業（農業、商業、水産、工業、家庭）、選択教科が外国語、習字、職業および自由研究とされたのである。

目玉は、新設の社会科である。社会科は「社会生活についての良識と性格を養うこと」を目的とし、「いわゆる学問の系統によらず、青少年の現実世界の問題を中心にして、青少年の社会的経験を広め、また深めようとする」（『小学校学習指導要領：社会科編（試案）』1947年）ものであった。

社会科以外の教科においても、子どもたちの生活経験をもとにしてひとまとまりの学習内容（単元）を構成する「生活単元学習」が推奨された。子どもたちが自らの「生活」を対象に主体的な問題解決学習を展開する社会科を中核として、生活のさまざまな側面を理解するために各教科の学習が行われる。たとえば、算数・数学は「自らの生活において、それを数量的に理解していく力」を培うものとされた。文部省から出されたモデル教科書（小学校は4年生、中学校は1年生のみ）には、生活単元に基づいて各教科の内容を構成しようとする考え方がよく表れている。たとえば1949（昭和24）年に発行された『中学生の数学』第1学年用は、「住宅」「私たちの測定」「よい食事」「産業の進歩」「売買と数学」「私たちの貯蓄」「数量と日常生活」などの単元からなり、生活経験のなかにすっぽりと数学教材を組み入れてしまう構成となっていた。

また、1948（昭和23）年に結成されたコア・カリキュラム連盟（1953年から日本生活教育連盟）によって、「コア・カリキュラム」（第2章参照）が提起され、各学校で自主的なカリキュラム編成が行われた。コア・カリ

キュラムは学習指導要領が示すような教科ごとの生活単元学習ではなく、子どもが自ら問題解決に取り組む「中心課程（コア）」を軸に、必要に応じて他の教科の知識を適宜学習するものであった。コアには社会科（理科、家庭科の場合もあった）が位置づけられ、コアの周辺に置かれた教科（国語・算数など）の知識は問題解決の用具・手段としての役割を担うものと考えられた。

3　1951年の学習指導要領改訂

1951（昭和26）年の学習指導要領改訂では、小学校で、教科を四つの大きな経験領域にくくって表す「広領域カリキュラム」（第2章参照）の考え方が採り入れられた。「主として学習の技能を発達させるのに必要な教科」（国語、算数）、「主として社会や自然についての問題解決の経験を発展させる教科」（社会、理科）、「主として創造的表現活動を発達させる教科」（音楽、図画、工作、家庭）、「主として健康の保持増進を助ける教科」（体育）が位置づけられた。この四つの領域ごとの時間配当の参考資料では、時間数ではなく全教科の総時間数に対する百分率が示されていた。各学校が地域社会や子どもの必要などに応じて、各領域の教科を区別して指導しても、複数の教科を統合して「合科的」に扱っても構わないとされていた。

中学校の教科については、必修教科として国語・社会・数学・理科・音楽・図画工作・保健体育・職業家庭、選択教科として外国語・職業家庭・その他の教科、特別教育活動という構成となった。

第2節　教科カリキュラムへの転換

1　教科の「系統性」の重視へ

1958（昭和33）年に行われた学習指導要領改訂では、「試案」の文字が

消え、「教科の目標、内容、その取扱、あるいは指導計画に関する基本的な事項」については国の基準として告示で公布され、学習指導要領が法的拘束力を有することが文部省から示された。

　この改訂では、それまでの経験カリキュラムと生活単元学習への批判を受けて、「教科カリキュラム」への転換が図られた。従来のカリキュラムは子どもの主体的な問題解決過程を重視したが、各教科の「系統性」への配慮が弱かった。つまり、各教科の指導内容と教材のうち、子どもの認識の転換を促す結節点に当たるものはどれか。内容と教材をどのように配列すれば、ある学年で習った内容が、学年が進むごとに忘れられていくことなく、何かきっかけがあったときにすぐ思い出せるか。指導されることがらが個々に切り離されず、既知のものから未知のものを生んでいくように学習されるにはどうしたらよいか。こうした点から、各教科を系統的・順次的に学習させるようなカリキュラムへの転換が図られたのである。

2　カリキュラムの高度化・抽象化と複線化

　小学校の教科（国語、社会、算数、理科、音楽、図画工作、家庭、体育）は、広領域カリキュラム的な位置づけの1951（昭和26）年改訂時とは異なり、それぞれが明確に区別された。中学校は「必修教科」として国語、社会、数学、理科、音楽、美術、保健体育、技術・家庭、「選択教科」として外国語、数学、農業、工業、商業、水産、家庭、音楽、美術が置かれた。

　また、この改訂時に、今日まで続く学校教育カリキュラムの構成領域が定められた。小・中学校においては各教科、道徳、特別教育活動および学校行事（次期改訂で特別活動に一括）とし、各教科と教科外の指導領域の授業時数が学校教育法施行規則に明示された。

　新たに示された教科領域と指導事項には、科学・技術に関するより高度な知識を効率的に学習させようとする意図が反映されている。中学校における職業・家庭科の廃止と技術・家庭科の設置は、日常生活の問題解決力よりも科学の系統性を重視する考え方の表れである。また、たとえば算数では「方位」など理科や社会科と重複する内容が削除されたり、ものごと

の量的把握や比較に関する日常用語が指導事項から姿を消したりした。

　また、中学校では3年次に選択科目が設けられているが、これは卒業後に就職・進学と生徒の進路が分化することに対応して、高校受験のために数学、外国語を学ぶ者と、就職のための準備として職業教育的な教科（農業、工業、商業、水産、家庭）を学ぶ者との間に事実上の複線コース化を行ったものである。

　現場への拘束力を伴う教科カリキュラムへの急速な舵切りに対して、現場からは内容が難しすぎるという声が高まり、学校や教師に対して各地で講習会も開催された。また、事実上の複線コース化の動きは、就職・進学双方の要求を抱えた中学校に、生徒間の学力格差の拡大や指導上の困難をもたらすことにもなった。経験カリキュラムから、教科カリキュラムへの転換は、すでにその準備がなされていた地域・学校と、そうでないところで、円滑に移行したり、困難を伴いながら進められたりするなど、その実現状況は一様ではなかった。

3　教育の現代化

　次の学習指導要領改訂は1960年代末のことである。小学校は1968（昭和43）年に、中学校は1969（昭和44）年にそれぞれ改訂された。小・中学校とも、知識や技術、情報の爆発的増加と質的変化、知識とそれを生み出す方法の新旧交代の加速化を受けて、教材の追加、補正、削除の部分的改訂では応じきれないという認識のもとに、新しい科学の概念構成や体系を全面的に取り入れた教育内容の一層の向上（「教育内容の現代化」）が図られるとともに、義務教育9年間を見通した指導内容の「精選・集約」が行われたのである。

　その理論的根拠を提供したのが、「どの教科でも知的性格をそのままに保って、発達のどの段階のどの子供にも効果的に教えることができる」というブルーナー仮説であった。「教科における思考と構造」の問題が論議され、数学や自然科学などの学問的観点から、多くの教材のなかから学問的な意味で本質的なものを「精選・集約」するという基本方針が打ち出さ

れた。精選・集約の視点として「教科の構造」が着目され、精選された内容について「考える」ことの指導が強調された。

さらに、この改訂では、「調和と統一のある教育課程の実現」をテーマに、高度経済成長による科学技術革新のめざましい進展をふまえつつ、教育内容の向上と人間形成における「統一と調和」を図ること、国民的自覚を有する国民を育成することが課題として挙げられた。

小学校・中学校の教育課程は各教科（中学校は必修教科と選択教科）、道徳ならびに「特別活動」の3領域構成に確定した。小学校の各教科、中学校の必修教科は前改訂から変更がない。中学校の選択科目については、数学・音楽・美術が削除された。また、これまでの特別教育活動と学校行事が特別活動としてひとくくりにされ、二つの領域が有機的に関連して全体として人間形成作用を果たすべきことが明記された。さらに、授業時数が従来の「最低授業時数」から「標準授業時数」に改められ、各学年の総時間数と教科の総時間数のなかで、1時間の授業時間を45分ではなく40分で組むなど、弾力的運用が可能となった。

1968・1969年改訂は、進学競争のもとでの詰め込み教育の弊害を意識し、各教科について教育内容を精選・集約して本質的なポイントをじっくりと学習させるとともに、知育、体育、徳育のバランスのとれた教育を目指すものであった。

4 「ゆとりと充実」への転換と学習の実態

だが、教育の現代化を掲げたこの指導要領改訂は、実施（小学校が1971〈昭和46〉年、中学校が1972〈昭和47〉年）から間もない1973年ごろから、難しい、内容が多すぎる、間口が広くあれもこれも取り入れて中途半端であるなどの声が起こり、「新幹線教育」「落ちこぼれ教育」「落ちこぼし教育」などということばが新聞をにぎわすこととなった。

産業界からは「部分人間」を生み出してきた企業組織のありようを反省し、「組織の人間化」を掲げる一方で、学校教育の画一性の打破と個性化、教育内容の「精選・構造化」と教授の効率化を求める声も挙がった。

文部省の通達「小学校、中学校、高等学校等の学習指導要領の一部改正ならびに運用について」（1972年10月27日）では、「知育偏重の是正」と「指導要領の弾力的適用」が指示された。児童生徒の実態によって指導要領に記述された内容のうち教えるべきものを精選したり、取扱いに軽重を加えたりするなどの配慮を行ってもよいとされたのである。

　そして、1977（昭和52）年7月23日に小学校学習指導要領・中学校学習指導要領が改訂となり、1980（昭和55）年から実施されることとなった。

　「ゆとり」と「充実」をうたった1977年版指導要領の特徴は、時間数の削減と、それに伴う指導内容の削減であった。授業時数は約1割削減され、新たに学校・教師が自発的な創意工夫によって運営する「ゆとりの時間」を設けた。また、指導要領そのものが従来のものに比べて半分以下のページ数に圧縮されている。教科内容のうち、異なる学年間に重複のあるものは単学年にまとめ、難しくなりがちな内容、直接経験しにくい内容などを削除し、より上の学年や学校段階に移行させるなどの「精選」が行われた結果である。

　だが、1977年改訂では各教科の指導項目数の減少や記述の簡略化がみられるにもかかわらず、教育内容は精選・漸減されたわけではなく、実質的には水準が高度化したまま安定化しているという指摘もある（「教育内容の制度化過程」）。また、激化の一途をたどる受験競争のなかで、「ゆとりの時間」が受験勉強に充てられるなど、子どもにとって学習負担は改善するどころか、むしろいっそう重さを増して子どもに覆いかぶさっていた。

第3節　国際化・情報化社会における個性化・多様化路線

1　主体性と個性重視の教育へ

　1980年代には、臨時教育審議会（臨教審）が答申を提出し、国際化・情報化・高齢化を迎える社会において、個性重視の教育、生涯学習社会の構

想、偏差値序列によらない多元的な評価など、教育改革の方向が打ち出された。臨教審答申は、現在までの教育課程政策の流れに影響を与えていく。

　背景には、学校教育に対して「外と内」の両方から変革を求める動きがある。バブル経済期までの好況を基本的に支えていた「大量生産・大量消費」型の生産活動に対応していたのは、知識をいかにたくさん記憶し正確かつ迅速に再生できるかという力であった。だが、モノとサービスの生産・流通・販売過程のグローバル化、知識・情報・アイディアの不断の創出と更新を特徴とする産業構造変化に対応できるような、主体的で柔軟な学習能力を求める企業からの要請があり、学校教育もこれに応えなければならなくなっている。もう一つは、1970年代半ばころから顕在化した傾向として、子どもたちが、学校を忌避する傾向を強めていることである。学校で求められる学習の内容や規律・生活のルールと、空間・時間の使い方やライフスタイルの個人主義化が進行する消費型社会を生きる子どもたちの生活様式・リズムとの不適合がますます顕在化している。学校が子どもたちの生活を囲い込み過ぎているのではないかという問題も指摘される。

　こうした背景のもとに行われた1989年の学習指導要領改訂では、自ら学ぶ意欲と社会の変化に主体的に対応できる能力の育成を図るとともに、個性を生かす教育の充実に努める方針が示された。小学校1・2年生では理科・社会科が廃止され生活科が新設された。中学校ではコンピューター・リテラシー育成のために技術・家庭科に情報基礎が新設された。

2　「生きる力」を育むカリキュラムへ

　1998年（小・中学校）、1999年（高校）の学習指導要領改訂は、従来のカリキュラムが知識の詰め込みや、記憶を中心とした受動的で画一的な学習に重点を置くものになっている点を批判し、その性格転換を図る姿勢をはっきりと打ち出すものであった。

　この指導要領の「総則」部分には、「生きる力をはぐくむ」という教育目的と、「個性を生かす教育」という方針、これらを「特色ある教育活動」の展開を通じて実現させていくことが示されている。

「生きる力」とは、「いかに社会が変化しようと自分で課題を見つけ、自ら学び、自ら考え、主体的に判断し、行動し、よりよく問題を解決する資質や能力であり、また、自らを律しつつ、他人とともに協調し、他人を思いやる心や感動する心など、豊かな人間性とたくましく生きるための健康や体力である」とされ、学校・家庭・地域社会におけるバランスのとれた教育を通じて育まれる「全人的な力」であることを強調している。

　また、「特色ある教育活動」を推進する柱立てとして、「①自己学習・自己考察能力、②基礎的・基本的内容の確実な定着」が示されている。

　こうした教育の目的と方針を実現するために、カリキュラムの構造転換が図られた。学校の内と外にまたがる生活経験の複雑な全体から、子ども自身が試行錯誤を通じて主体的に知識を獲得する過程と、その結果として培われる力（「自ら学び自ら考える力」）を重視する「経験カリキュラム」（第2章参照）へのシフトが模索された。

　その軸となるのが、新設の「総合的な学習の時間」である。総合的な学習の時間では、課題設定・解決能力、情報収集・編集・報告などの方法論の主体的な獲得や、知識や技能を相互に関連づけ総合化する能力の育成のために、「教科等の枠を超えた横断的・総合的な学習」の円滑な実施が可能なよう「各学校が地域や学校の実態等に応じて創意工夫を生かして特色ある教育活動を展開できる」とした。さらに、2002（平成14）年から完全実施された週休2日制導入との適合性を図る狙いもあり、各教科において必修とされる学習内容のなかから、本質的で時間をかけて学ぶべきものを「精選」する方針のもとに各教科の授業時数と指導事項の削減が行われた。

3　各方面からの「学力低下」批判

　だが、この1998・1999年版学習指導要領に対しては、2002年の完全実施を待つことなく、早々に各方面から批判が公然と表明され、国民の間に不信の念が高まっていった。批判の基調は、「ゆとり教育路線が基礎基本の習得をおろそかにし、学力低下をもたらしている」というものであった。

　文部科学省は、この指導要領が完全実施された2002年のわずか1年後の

2003年に、学習指導要領の一部改正に踏み切らざるを得なかった。この改正にあたっては、「確かな学力」が新たに強調されたほか、指導要領はあくまでも「最低基準」であり、子どもの現状に応じてこれを超えた内容を教えてよいとする見解が新たに打ち出された。これはいわゆる「歯止め規定」の見直しである。

4　PISA型の活用できる力も

「基礎・基本重視」への揺り戻しだけではなかった。OECDが知識基盤社会に必要な能力として定義した「主要能力（キー・コンピテンシー）」（第3章参照）の一環である「リテラシー」の考え方も日本の教育政策に少なからぬ影響を及ぼしている。OECDのリテラシーは、学校教育で習得した知識をはじめての場面や日常的な文脈で自在に組み合わせたり、変形させたり、解釈して他者に分かりやすく表現したりすることを求める点に特徴がある。このリテラシーを測定するために開発・実施されているPISAの国際ランキングは世の関心を集めている。特にPISA 2003における「読解リテラシー」領域の結果の不振を受けて、国語のみならず全ての教科などで文書や資料やデータを解釈し論理的に思考できる力の育成方針（「読解力向上プログラム」）が文部科学省によって打ち出され、「全国学力テスト」の「B問題」にもPISAに類似した問題が出題されるなど、PISAが与えたインパクトは大きく、学習指導要領改訂にも影響を及ぼすことになった。

第4節　「詰め込み教育」でも「ゆとり教育」でもなく

1　「確かな学力」が示すもの

2008年（小・中学校）・2009年（高校）の学習指導要領改訂は、カリキュラムをめぐるこれまでの論争から浮き上がった課題を整理し、一貫性をもった構造的な学力観（「確かな学力」）を示そうとするものである。

文部科学省が出している『すぐにわかる新しい学習指導要領のポイント』という題の保護者用リーフレット（2011年作成）では、改訂が狙う学力観と学習指導のあり方を次のように説明している。
　つまり、この改訂では「ゆとり」か「詰め込み」かという二項対立的な学力と学習指導のとらえ方を改め、基礎的・基本的な知識・技能の習得と、思考力・判断力・表現力などの育成とをバランスよく行っていく方針が示されている。

2　「習得」「活用」「探究」の相互関連

　2008年・2009年改訂版学習指導要領の「総則」の「教育課程編成の一般方針」に示された教育目的・目標には、1998年版に比してはっきりとした変化がみてとれる。
　「生きる力をはぐくむ」という教育目的と、「個性を生かす教育」という方針、及びこれらを「創意工夫を生かした特色ある教育活動」の展開を通じて実現させていくという大枠の構造に変化はない。
　だが、1998・1999年改訂版で、特色ある教育活動を推進する柱立てが「①自己学習・自己考察能力、②基礎的・基本的内容の確実な定着」となっていたのが、2008・2009年版では、「①基礎的・基本的な知識及び技能の確実な習得、②活用のための思考力・判断力・表現力、③主体的な学習態度」となっている。
　これは、「生きる力」のうち知的な側面である「確かな学力」を三極構造で整合的に示そうとしたものである。つまり、「習得」「活用」「探究」の三つの学習の型が相互関連する構造において学力をとらえている。各教科のなかで、知識・技能が「習得」され、さまざまな場面で「活用」される。そして、習得され活用される知識・技能を用いて、総合的な学習の時間を中心とした「探究」活動が行われる。また、子どもの主体的な興味や問題意識に基づく探究活動を通じて、知識・技能の習得と活用が促されるという具合である（中央教育審議会『幼稚園、小学校、中学校、高等学校及び特別支援学校の学習指導要領等の改善について（答申）』2008（平成20）年1月）。

評価の観点についても、学力のこの三極構造に対応するように変更がなされ、新たな評価方法が提案されていると考えられる。つまり、2010（平成22）年に行われた指導要録改訂では、大きくは四つの学習状況の評価「観点」のうち、「知識・理解」「技能」は習得に、「思考・判断・表現」は活用に、「関心・意欲・態度」は探究に対応し、知識・技能を活用する力（「思考・判断・表現」の力）を評価するのにふさわしい方法として、パフォーマンス評価の考え方が推奨されている（第11章・第12章参照）。

3　教科のなかに「学び」を、総合に「教え」を

　今次改訂では、小・中学校の国語、算数・数学、理科、社会、体育、外国語（中学校のみ）の授業時数が増加した。一方で、総合的な学習の時間（「総合」）が縮減となり、中学校の選択教科の法定授業時数が0となり事実上削減された。算数・数学、理科を中心に必須の指導事項が増加した。また、基礎・基本の「確実な習得」の具体的な方策として、「音読・暗記・暗誦・反復学習などのくりかえし学習」も提起されている。

　この動きだけを見ると、1998・1999年改訂で示された経験カリキュラム化（「ゆとり」と「精選」）の動きに歯止めがかかり、「基礎基本」重視型の教科カリキュラムに回帰したかのようである。だが、今回の改訂が「習得─活用─探究」という三極構造の学力観を示していることからわかるように、その性格はより複雑である。一言で言えば、各教科により問題解決的・活動的な要素が加わり、総合がより計画的・意図的に組まれるようになった。教科のなかにより「学び」を、総合に高度で繊細な「教え」を組み込むようになっているのである。

　2008・2009年版指導要領では、「知識基盤社会」への対応として「知識の活用能力」を提唱し、こうした活用力を各教科における「言語活動の充実」を通じて育成していくことを要請してもいる。活動事例として提示されたのは、「考えをまとめて表現したりレポートを作成したりする」ことや、授業やテスト問題のなかに種々の情報を含む「場面」を設定し、子どもたちに授業者や問題作成者の意図を推測させ、その意図に沿って情報を

整理・操作させることなどである。また、1998・1999年版では総合は「総則（第1章）」のなかに示され、「目標」「内容」は明示されていなかった。一方、2008（平成20）年版では各教科、道徳、特別活動と同等に一つの章として領域設定され、「目標」「内容」が明示され、総合を通じて育てるべき資質や能力の視点などが例示されている。

おわりに

　限られた授業時数のなかで、増加した指導事項の習得と、活用や言語活動の機会をいかに確保するかが課題であろう。そのためには、それぞれの教科において本質的であり、学習者の認識と思考の飛躍や転換を要するポイントを見極める必要がある。教材に媒介された授業実践における子どもの認知・学習過程、集団思考の質的発展の筋道を探りながら、そうした節目となる教材とぶつかりあって子どもたちの思考が質的に転換する場面において、言語活動と活用力を追求するなどの工夫をするべきではないか。また、総合においては学年や学校段階が上昇するにつれてどのような力を身に着けさせていくか、追究されるテーマの学習活動において各教科の知識をどのように関連づけ、子ども自身の知識の体系として育てていくか。このような課題を、授業実践を通じて試み、知見と経験を蓄積していくほかない。

【文献一覧】

　　梶田叡一『新しい学習指導要領の理念と課題：確かな学力を基盤とした生きる力を』図書文化社、2008年

　　田中耕治・水原克敏・三石初雄・西岡加名恵『新しい時代の教育課程〔第3版〕』(有斐閣アルマ) 有斐閣、2011年

　　広岡義之編著『新しい教育課程論』ミネルヴァ書房、2010年

　　沖津由紀「教育内容の制度化過程」日本教育社会学会編『教育社会学研究』(第54集) 東洋館出版社、1994年

第2章

カリキュラムの編成

本田伊克

はじめに

　本章では、カリキュラムの編成に関する基本的な考え方を学ぶ。まずカリキュラムの編成・実施・評価の全体像とポイントをおさえる（第1節）。次に、カリキュラムの内容を構成する原理としてどのようなものがあるかを学ぶ（第2節）。そして、カリキュラムがどのような様式と関係において実現すべきかに関する考え方を学ぶ（第3節）。

第1節　カリキュラムの編成・実施・評価

1　カリキュラム編成の三つの契機〜学問、発達、社会

　カリキュラム（教育課程）が編成される際には、①学問的な契機、②発達という契機、③社会的契機という三つの契機を考えることができる。

　①学問的な契機とは、カリキュラムが編成される際の内容的な源泉・素材として、私たち人類が歴史的に蓄積し発展させてきた科学や文化のさまざまな成果に重い価値が置かれているということである。

　おおよそ、どの国のカリキュラムを見ても、言語（自国語、外国語）、数、自然科学、社会科学、芸術、身体文化、技術、生活科学という各領域は、カリキュラムの内容領域に対応している。日本の義務教育段階のカリキュラムでいえば、この科学・文化領域は、小学校の国語、算数、理科、社会（低学年は理科、社会に替えて生活）、音楽、図画工作、体育、家庭、中学校の国語、外国語（英語）、数学、理科、社会、音楽、美術、保健体育、技術・家庭という教科領域に対応している。

　カリキュラムの編成に際して学問が重視されるのは、私たちがこの社会に生き、新しいことを学び、ものを考え、人に伝え、行動していく際に、人類が蓄積し継承してきた科学・芸術・文化が大事な手掛かりを与えてくれるという見通しによるのである。また、1960年代の「教育の現代化」の

ように、科学の最先端の動向をカリキュラムに取り入れようとする動きが起こったり、3.11大震災と原発事故によって教科の源泉である科学の正しさ自体が問い返され、そのことがカリキュラムに影響を及ぼしたりする場合もある。

②発達という契機は、カリキュラム編成において、授業での学びの主役であり将来の社会を担っていく子どもの実態、その学習要求や課題を踏まえなければならないことを指す。

カリキュラム編成にあたっては、計画的・意図的な教育活動の対象となる子どもがどこまでの水準に達していて、どれだけのことができる準備がなされ、どれだけの伸びを期待できるかを見定めなければならない。その見通しに立って、教育の目標を定め、内容領域（スコープ）を考え、指導事項の時間的配列（シークエンス）を行っていく。子どもの発達段階と、それを踏まえた内容領域設定、内容領域ごとの事項の配列については後述する。

③社会的契機とは、学校教育に対する社会からの要請を踏まえてカリキュラム編成が行われるということである。学校を取り巻く社会が変化し、学校に対する要求も変わっていく。学校が送りだす先の企業からの要求も無視できない。

2008（平成20）年（小・中学校）、2009年（高校）の学習指導要領改訂を経て現在に至るまでの経緯（第1章参照）を見ると、教育の目標としてどんな力を、どのような内容領域構成と、どのような授業形式で育て、どう評価するのかをめぐって、社会のなかでいくつかの考え方が対立し、それがカリキュラム改訂の動向にも影響を及ぼしていることが分かる。

2　教育目標の集合体としてのカリキュラム

次に、カリキュラム（教育課程）を編成する際のポイントについて確認しよう。まず1点目として、教育目標の集合体としてカリキュラムをとらえるということである。

カリキュラムは、いくつもの教育目標が、タテヨコに、ある系列を成し

て集められて一つのまとまりを持つものと考えられる。

　カリキュラムの構成要素である教育目標には、＜願い＞としての目標と、＜ねらい＞としての目標がある（『教育評価入門』pp.38-39）。

　＜願い＞としての目標とは、1時間の授業、1単元の教材・題材を超えて、この時間での活動を次の時間へ、そしてまた次の時間へと積み上げていく中で、こういうことが子どもの中に少しずつ形成されていってほしい、深まっていってほしい、実現していってほしいという、中長期的な期待のことである。

　＜ねらい＞としての目標とは、1時間の授業や1単元を通じて、これだけのことは何とか分からせたい、できるようにさせたいというものである。＜ねらい＞をはっきりさせるということは、教えようとする教材・題材について、そして展開しようとする活動について、本質的な意味での重要性をもつポイントを明らかにすることである。教材・題材を通じて教えるべき教育内容は何かを明らかにすることである。授業が進み、学年や学校段階が上がるにつれて、以前に達成された＜ねらい＞を土台にして、新たな＜ねらい＞が定められる場合（たし算が分かってできることを前提に、「かけ算の意味が分かり、計算ができる」という＜ねらい＞が設定される）もあるし、＜ねらい＞がより高度かつ深いレベルで追究されていく場合（「らせん（スパイラル）型」学習のように、たとえば小数や分数の理解を学年が上がるにつれて質的に高めていく）もある。また、同じ授業の中で複数の＜ねらい＞を並行して実現しようとする場合（たとえば一つの算数の授業で足し算の「知識・理解」、計算の「技能」、「算数への関心・意欲・態度」を同時に追求するなど）もある。

　ところで、カリキュラムを目標の集合体として構成するときに、押さえておかなければならない考え方がある。それは「履修主義」と「課程主義」である（『現代学校と人格発達』pp.153-157）。

　履修主義とは、教師は一定の教育内容を教えなければならないが、子どもはそれをすべて修得しなくてもよいとする考え方である。場合によっては履修さえしなくても、年齢によって進級・進学することができる。日本

の小・中学校では事実上この考え方が採用されている。これに対して、課程主義とは一定の学力に到達していることが証明されてはじめて進級・卒業が許されるシステムである。日本の高校と高等教育（大学、短期大学、専門学校）は主にこの考え方に従っている。

　日本の小・中学校は履修主義に従っているから、基本的にはどの子どもも進級・進学させることを前提としたうえで、全ての子にどれだけのことを、どの程度まで確実に分からせ、できるようにするかを考えて＜ねらい＞を定め、系列的に配列していくことになる。

　一つの学校段階、一つの学年、ある教科の学習を通じて、少しずつどのような状態に近づいていってほしいかという＜ねらい＞に導かれて、一つひとつの＜ねらい＞が実現されていく。逆に、具体的な一つひとつの＜ねらい＞が実現されていくことを通じて、はじめて＜願い＞はかたちになる。カリキュラムは、＜ねらい＞と＜願い＞という二つの目標を、順次的かつバランスよく配列することによって構成されるものである。

3　子どもの発達段階

　2点目は、子どもの発達段階に即した目標と内容の配列を行うということである。発達段階を措定するということは、子どもが変容する際に生じる無数の差異のなかから、意図的・計画的な教育活動において有用な情報となるものを選択して、教育的に有意味な差異を相互に関連づけ、より低い状態から高い状態への変化として意味づけていくことである。

　こうして子どもの発達段階を措定することによって、いまこの子は何を学び終え、どこまでのことが分かったりできたりしているのか。どういう興味・関心や問題意識を持っているのか。今の力をどういう方向に、どれだけ、どこまで伸ばせる見込みがあるのか。こうしたことを十分に考慮しながら、目標と内容を定め、順次的にバランスよく配置していく。

　子どもの発達段階を踏まえつつ、目標と内容を選択・配列する原理として、「スコープ（scope）」と「シークエンス（sequence）」をおさえておきたい。

　スコープとは、カリキュラムの全体においてはこれを構成する領域を、

ある領域や教科内においては範囲を指す。カリキュラム全体を構成している領域としては、各教科と、総合的な学習の時間、道徳、特別活動など教科外の指導領域を挙げることができる。教科の範囲とは、たとえば小学校算数の「数と計算」「量と測定」「図形」「数量関係」、理科の「物質・エネルギー」「地球・生命」などを指す。なお、第2節で述べるように、日本では子どもの発達段階に即して、より総合的な教科区分から、より専門的な教科区分に移行していくようなカリキュラム設計がなされている。

シークエンスは、子どもの発達段階に即した内容の系列、学習の順序・系統性を意味する。各教科や教科外の指導領域において、難易度の低い目標・内容から高い目標・内容へという流れに従って、子どもが一つひとつの目標を順次クリアしていけるような配列を行う。

スコープとシークエンスの交点に特定の単元（教材単元）が成立している。「どの学校段階の、何学年の、どの教科の、どの単元か」を考え、授業計画を立てていくことになる。

4　広範な領域における子どもの発達を目指す

3点目は、人間形成の広い領域において子どもの発達を目指すということである。日本の学校教育のカリキュラム（教育課程）は国際比較的にみて、教科における知識や認識の獲得のみならず、さまざまな領域において、子どもの価値、行動、社会性や関係づくりなど、広範に及ぶ人間的能力、性向、関係の発達を目標としている点が特徴的である。

そのことは、日本のカリキュラムを構成している領域からもうかがえる。日本の学校の教育課程は、①各教科、②総合的な学習の時間、③道徳（小・中学校のみ）、④外国語活動（小学校5・6年のみ）、⑤特別活動（学級活動・ホームルーム活動、児童会・生徒会活動、クラブ活動（小学校のみ）、学校行事）から成り立っている。

教育課程（原語は course of study）という用語が公式に使われるようになったのは戦後のことである。戦前は「教科課程」「学科課程」という語がもっぱら用いられていたが、教科以外の領域も含みこんで教育課程とい

う語が用いられるようになったのである。

　ここで、教科と教科外領域の区別について触れておこう。教科は「陶冶」、つまり認識を広げ深めることを目的とし、教科外領域は「訓育」、つまり基本的な生活能力や人と交流したり協同したりする力を育てることを目的とするものである。ただし、これだけでは、②総合的な学習の時間、③道徳、④外国語活動がなぜ教科外の指導領域として位置づけられているかを説明できない。教科の事実上の要件としては、主教材として使用を義務づけられた検定教科書が準備され、3段階、5段階などの成績評定が行われ、さらに中等教育（中学校・高校）の場合はそれを教える資格が要求されることが挙げられる。②、③、④においては、副教材本はあっても使用義務はなく、成績評価は評定ではなく記述のかたちで行われ、指導にあたって特別な免許状は不要である。

　カリキュラムの編成・実施に際しては、これらの各構成領域が相互に関連づき、各領域における人間形成作用が子どものなかで統一的に結びつくような考慮が求められる。

5　教育課程の実現状況は絶えず＜評価＞される

　4点目に、教育課程はその実現状況を絶えず評価されなければならない。授業において、教師は子どもの学力や理解度を評価する。しかし、その結果を通じて授業における働きかけ、教材・題材の選択のよしあしも評価しているのである。また、各学校のカリキュラム（教育課程）の評価では、カリキュラムの各領域（スコープ）および各領域で配列される指導事項と教材（シークエンス）ごとの達成状況や、内容領域および配列の妥当性が評価されている。そして、評価結果は、各学校のカリキュラムや授業の改善と次の展開へと生かされていくのである。評価に関しては、第10章から第13章を参照されたい。

第2節　カリキュラムの内容領域と構成

1　カリキュラムモデルの基本的な考え方

　学問・芸術などのオリジナルな知識をもとに（学問的契機）、子どもの発達段階（発達という契機）、および社会からの要請（社会的契機）を踏まえつつ、カリキュラムの編成が行われる。オリジナルな知識のうち子どもに教えるべき価値を持つと考えられるものが選択され、教育活動を成り立たせるための特別なルールのもとに配置される。こうした特別なルールは、「知識のルール」と「行動・態度のルール」から成る。

　知識のルールは、教育内容がどのような枠組みによって位置づけられ、どのような順序、ペース、評価基準、学習形態のもとに教えられ学ばれるべきかにかかわるものである。行動・態度のルールは、学習のための規律を保つこと、きちんと席に着くこと、教師の話を静かに聞くこと、友だちと協力し合うことなど、授業における知識の伝達が成り立つために欠かせない学習行動や関係性にかかわるものである。行動・態度のルールは、知識のルールに比べて目に見えにくく、気づかぬうちにそれを刷り込まれていることが多いことから、このルールを身につける過程を（明示的なカリキュラムに対して）「隠れたカリキュラム（hidden curriculum）」とも呼ぶ。

　第2節と第3節では、カリキュラムが編成される際に働く知識のルールがいかなるものであるかを考えてみたい。その際に、知識のルールの前提となっている行動・態度のルールについても考えてみたい。

　第2節で検討するカリキュラムモデルは、どのような内容をどのような領域構成として組み立てるかを示すものである。カリキュラムモデルは、何と何が区別され、何と何が一緒になるべきかを提示する。

2　経験主義と系統主義

　カリキュラムの内容をいかなる領域において構成するかに関しては、対

照的な二つの考え方に区別することができる。「経験主義」と「系統主義」である。

　経験主義は「学習」、子どもが主体的・能動的に「学ぶ」ことを重視するカリキュラム（教育課程）の原理である。経験主義は、学校における子どもの学習の筋道を次のように考える。経験主義は、＜総合＞を出発点にし、＜分析＞により補いつつ、＜総合＞を高め深める過程としてカリキュラムを考えるのである。

　子どもたちは、すでに世の中のさまざまな問題について彼らなりに総合的で、まとまりをもった認識をもっている。だから、それを広げたり、深めたりしていくことが大事であって、知識は必要になるたびに補えばいい。はじめから＜総合＞的にことがらをとらえ、＜分析＞は必要に応じて行えばよい。これが、経験主義によるカリキュラムの基本的な考え方である。

　一方、系統主義は、「教授」、教師が計画的・意図的に「教える」ことを重視するカリキュラム原理である。系統主義はまず＜分析＞を行い、最後に＜総合＞するという学習の順序を想定している。

　世の中の問題は複雑だから、いきなりそこに子どもを立ち向かわせるのは無理である。子どもには考える道具となる知識を、予め分節化して与え、道具が揃ってから全体的なことを考えさせればいい。また、教科というかたちで分節化した内容についても、何を先に学び、何が後にくるべきか、どういう順序で学べば先に学んだことが後で学ぶことの邪魔にならず助けとなるのかを大事にする。これが、経験主義によるカリキュラムの基本的な考え方である。

3　教科カリキュラムと経験カリキュラム

　系統主義は、カリキュラムを構成する知識の望ましいかたちを次のように考える。

　それぞれの教科の知識は相互に明確に区別されるべきである。子どもにとって、いまはどの教科を学んでいるのかが、はっきりと分からなければならない。さらに、子どもが日常生活で得る知識と教科の知識の間にも、

明確な区別がなされるべきである。こうした知識のルールは、「算数のノートを国語の時間に使ってはいけない」「勉強に関係ないことを話してはいけない」といった行動・態度のルールを伴う。系統主義が望ましいと考えるこのような知識の構造を最も典型的に示すカリキュラムモデルが「教科カリキュラム」である。これに対して、経験主義は、カリキュラムを構成する知識の望ましいかたちを次のように考える。

　教科の枠を緩くするか、なくしてしまって、はじめからさまざまな知識が有機的に関連づいていた方がいい。子どもは教科の枠を超えた知識そのものを生き生きとした知的活動の過程で学べばいい。子どもに意識されるのはその目的や要求を実現するための思考と活動そのものである。そして、子どもの生活知識は積極的に授業で生かした方がいい。そして、このような知識のルールは、「教科書にとらわれず自由に考えたり調べたり発表したりすることが大事である」「家や外で知ったことや気づいたことをどんどんしゃべっていい」というような行動・態度のルールを伴う。経験主義が望ましいと考える知識の構造は、「経験カリキュラム」によって最も典型的に示される。

　カリキュラムモデルとして、「教科カリキュラム」「相関カリキュラム」「融合カリキュラム」「広領域カリキュラム」「コア・カリキュラム」「経験カリキュラム」の六つの類型を考えることができる。「教科カリキュラム」において、カリキュラムを構成する領域（教科）ごとの区別は最も明確である。そして、この区別を最大限に取り払っているのが「経験カリキュラム」である。

　理科、社会を例にとれば、教科カリキュラムの理科は、高校の物理・化学・生物・地学など、自然科学の専門領域に対応した教科領域。社会は、地理・歴史（日本史・世界史）・公民・政治経済など社会科学の専門領域に対応した教科領域から構成される。

　「相関カリキュラム」とは、教科カリキュラムの枠を維持したまま教科間の相互連関をはかるものである。災害、原発、環境、健康、ジェンダーなどのテーマを設定し、各教科を構成する内容のうちそのテーマに関連す

る内容を、相互に関係づけながら学ぶ試み（「クロス・カリキュラム」「教科横断的カリキュラム」）はこれに該当する。

「融合カリキュラム」は、教科の学習を中心としながら、類似する教科の内容の組織・配列に手を加え、より広い観点から教材の統一性を新たにつくるものである。小・中学校で学ぶ地理・歴史・公民の融合としての社会科や物理・化学・生物・地学の融合としての理科などがこれに当たる。さらに一歩進んで、異質の教科間の融合を図って一つのまとまりある内容に統合する場合（「統合カリキュラム」などとも呼ばれる）もある。小学校低学年の理科と社会が生活科として再編された例などが挙げられる

「広領域カリキュラム」は、数多くの教科・科目の代わりに、少数の大きな領域において内容を統合し、あるテーマを広い視野に立って、学習内容の細分化に陥らずに追究しようとするものである。

「コア・カリキュラム」はコア（核）となる中心課程と、それを支える関連内容領域の周辺課程から構成される。中心課程では現実生活上の課題を解決しながら学習が進められ、周辺課程ではその活動に必要な基礎的知識や技能を学習していく。たとえば社会科をコアとして、必要に応じて、問題解決に必要な「道具」としてことばや数や自然に関する知識を学ぶというかたちになる。

最後に「経験カリキュラム」は、もっぱら子どもの「経験」から成り、しかも、毎日の子どもの生活経験の中から、そのとき、その場で教師と子どもが価値ある経験を選び出し、それを協力・共同してカリキュラム化していくというものである。あらかじめ計画しておかないで、領域の構成自体が、活動の過程を通じてつくり上げられ、形になっていくようなものである。「総合的な学習の時間」はこの一例であろう。

第3節　カリキュラムの実現様式

指導過程のレベルでは、すなわち教育内容がどのようなスタイルとの関

係のもとに教えられ学ばれるべきかについては、どのようなモデルを考えることができるだろうか。工学的アプローチと羅生門的アプローチという二つの対照的なモデルを紹介する。

1　工学的アプローチに基づく実現形式モデル

「工学的アプローチ」とは、同一の教育内容と教材を、定式化された流れにしたがって、どの子どもにも同じように獲得させる指導過程のモデルである。同一規格のものを効率的かつ大量に生産する生産ラインのアナロジーで、知識が伝達され獲得される活動をとらえようとする考え方である。

工学的アプローチにおいては、教師の指導性が目に見えるかたちで発揮されるべきだと考えられる。教師は、授業で子どもたちが「何を、どうやって、どういう順番で、どういうペースで」学ぶのかを決定する。そして評価は、予め定められた基準に従って、「100点になるにはどこが足りないか」を指摘するものとなる。

2　工学的アプローチの特長と弱点

工学的アプローチは、大量の知識を一斉かつ効率的に教えるのに適している。また、教材のパッケージ化が容易で、教師にかかる時間的なコストも比較的少ない。教えるべき内容と順番、評価の基準が明確であり、教科書や指導書が準備されているため、経験の浅い教師でも取り組みやすい。

しかし、弱点もある。教科の枠に相互に隔てられ、順次到達していくべきステップを登っている途中で、多くの子どもが「頂上」に着かないうちに脱落（墜落）してしまいがちである。それぞれの教科で前に習ったことと今習っていることが、また異なる教科の知識が、多くの子どもにとってうまく関連づけされず、総合されて現実の問題に向き合うための知的な武器にならず、テストが終われば剥落してしまう傾向もある。

また、工学的アプローチでは、子どもの思考や行動が画一化され、教師依存の傾向をもたらしがちである。

3　羅生門的アプローチに基づく実現形式モデル

「羅生門的アプローチ」とは、子どもや教師によって持ち込まれるさまざまなテーマや素材を、子どもたちそれぞれに多様で個性的な関心や問題意識を通じて学び（問いを立て、調べ、意見をまとめ）、子どもたち一人ひとりそれぞれに多様な「ものの見方、感じ方」を生み出すような指導過程モデルである。同じように見える事件であっても、見る人によってその意味づけや焦点は異なることをテーマにした映画「羅生門」にちなんで名づけられた。

羅生門的アプローチでは、教師の指導性は後景に退き、子どもの側に学習活動の主導権が与えられる。工学的アプローチとは対照的に、「何を、どうやって、どういう順番で、どういうペースで」学ぶかについては、子どもに大きな裁量が与えられる。評価は、子ども一人ひとりの個性や成果に即して多様で多元的なものとなる。いくつものモノサシがあり、かつモノサシの間には優劣はない。

4　羅生門的アプローチの特徴と弱点

このアプローチは、子ども自身の興味や関心に沿っているので、とっつきやすいし親しみやすい。また、主体的に、それぞれのペースややり方で学習に取り組むので、子どものなかに学ぶ姿勢と意欲が育つことも期待できる。

しかし、教師にかかる負担は大きい。教師は子どもたちが取り組むテーマに関して十分な情報収集や事前学習を行い、子どもの思考の展開や発言をシミュレーションし、即興的で柔軟な対応をしなければならない。教師がそこにやりがいを感じるか、おざなりにやってしまうかということに、羅生門的アプローチの成否がかかってくる。

羅生門的アプローチでは、学ぶ知識に明確な区分が設定されないため、「どんな力をつけるべきかがはっきりしない」「何をやっていいのか分からない」まま、「ただ活動して終わり」の授業になってしまう危険性もある。

また、知識を系統的に学んでいくというわけではなく、子どもが学ぶテーマと、テーマに迫る思考過程や方法論によって必要となる知識が異なるため、知識の「とりこぼし」も生じやすい。

おわりに

工学的アプローチと羅生門的アプローチは対照的ではあるが、二項対立的ではない。工学的アプローチにおいては同一の教育内容と教材が学ばれるが、目標に到達する過程で子どもたちの多様な思考の展開が尊重され、子どもたちが学習集団として共同的かつ自力で目標をクリアすることも大事にされる。日本の教科指導はそのようなかたちで行われてきた伝統をもっている。2008年・2009年の学習指導要領改訂では各教科において「活用力」の育成や「言語活動の充実」が掲げられているが、これも子どもたちの学び合い、自律的な思考活動を重視するようなかたちで展開する工学的アプローチの追求の一つのかたちと考えられる。

一方、羅生門的アプローチにおいては、教師の側に、より高度かつ繊細な指導性が要求される。教師には、教科の枠に捕らわれず自由に選択された学習テーマと、テーマを学び、関連する情報をさまざまに収集・選択し、解決に至る活動を通じて、いかなる力を育てようとしているのかという見通しがなければならないのである。

【文献一覧】

安彦忠彦『教育課程編成論：学校で何を学ぶか』（放送大学大学院教材2002）放送大学教育振興会、2002年

梶田叡一『教育評価入門：学びと育ちの確かめのために』協同出版、2007年

窪島務『現代学校と人格発達：教育の危機か、教育学の危機か』地歴社、1996年

山﨑準二『教育課程』(教師教育テキストシリーズ9) 学文社、2009年

第3章

学力の射程

梶原郁郎

はじめに

「学力とは何か」という課題を私たちはどのように論じていけばよいのであろうか。この問を前に、市川伸一（1953-）の次の指摘に注目してみよう。「『学力とは何か』という議論でより重要なことは、『何を学力と呼ぶか』という呼び方の問題ではなく、知識、理解、思考、学習といった、学力をめぐる諸概念とその関係の捉え方ではないか」（『学力低下論争』p.228）。その関係を問うのであれば、「学力を現実にどのように保障するのか」という学力保障論として、学力論を検討できる。この課題の検討を本章は、知識と思考との関係に着目して三つの学力モデルを提示することから始めたい。

第1節　三つの学力モデル
〜知識と思考との関係に着目して〜

1　三つの学力モデル

知識と思考との関係に着目すれば、次の三つの学力モデルを提示できる。
（1）知識の獲得ではなく思考力の訓練を主張する学力モデル
（2）思考力の訓練ではなく知識の獲得を主張する学力モデル
（3）知識の理解・活用とともに思考力の形成を主張する学力モデル
この第1の学力モデルは形式陶冶、第2の学力モデルは実質陶冶と教育学で呼ばれるもので、第3の学力モデルは両者を関係づけるものである。

2　思考力の訓練を主張する学力モデル

思考力の訓練を主張する第1の学力モデルは、人間には思考力・記憶力などの「○○力」が備わっていると見なして、次の点を主張する。① 思考力は鍛えることができる、② 鍛えられた思考力はいつでもどこでも活用できる。この学力モデルでは、ある問題が解けたとき、それは思考

"力"のおかげであるとされる。また、大事なのは知識の獲得ではなく思考力の訓練であるとされるので、このモデルに教師が立つとき、教師は児童・生徒が知識を理解できるように授業をしようとしない。

　この学力モデルについて、デューイ（Dewey, John　1859-1952）は次のように説明する。人間は思考力などの「○○力」を訓練されていない形であらかじめ所有しており、「○○力」は「段階的に繰り返して」訓練すれば「必然的に洗練され、完成されることになるだろう」。たとえば「単語の綴り方を勉強している生徒は、単語を綴る能力の他に、観察力・注意力・記憶力も増大し、それらは必要とされるときはいつでも使用できるようになる」。これに類似した経験として、たとえば日本史の年代暗記に打ち込んだとき、「記憶"力"がついた」と私たちは無意識にも思ったりしたことがあろう。これは第1の学力モデルの身近な事例である。

3　知識の獲得を主張する学力モデル

　第2の学力モデルは、第1の学力モデルの上述の①②の主張には根拠がないとして、知識の獲得をこそ主張する。何（内容）をどのように（方法）教えるのかという授業の根本的課題を前に、第1の学力モデルが知識（内容）を、思考力などの「○○力」を訓練するための手段と見なすのに対して、第2の学力モデルは、知識の獲得こそを重視する。思考力の形成ということから離れて、教師が知識の獲得を重視するとき、児童・生徒は知識の棒暗記を強いられる。たとえば英単語の記憶で、接頭語や語根に着目すれば意味を予想（思考）できる場合があるが、この可能性に第2の学力モデルは、知識の獲得を強調するあまり、注目できない危険性を持つ。

4　知識獲得と思考力形成とを関係づける学力モデル

　第1の学力モデルが思考力を、第2学力モデルが知識を主張するのに対して、第3の学力モデルは知識と思考力をともに重視する。再度英単語の学習場面を挙げてみよう。「succeed」は「suc」を接頭辞として、「ceed」を語根とする。その語根の意味が「進む」であると知ったとしよう。その

知識を活用すれば、私たちは未知の単語の意味を次のように思考できる。

・「recede」の「re」は「元へ」、「cede」は「進む」だから、「recede」は「元へ進む・後ろに進む」という意味で"あろう"。

・「precede」の「pre」は「前に」、「cede」は「進む」だから、「precede」は「前に進む」という意味である"はずだ"。

このように、「ceed」の知識（新たに獲得した知識）と、「re」「pre」の知識（既に獲得していた知識）とを活用すれば、「recede」と「precede」の意味を予想できる。この予想の後にそれらを辞書で引けば、辞書の意味も容易に記憶できよう。英単語や漢字は単に覚え込むものであると思い込みがちだが、単語の記憶でも、思考（予想）しながら単語の知識（意味）を獲得できる。

5　本節のまとめ

以上三つの学力モデルを本節は提示してきた。近年さまざまな学力モデルが出されているなか、本章が第3の学力モデルを改めて提示したのは、"学力を現実にどのように保障するのか"という観点から学力論を検討していくためであり、また後述のOECD（経済協力開発機構）の「キー・コンピテンシー」も、第3の学力モデルを基礎としており、今日の学力モデルの検討においても不可欠だからである。なおデューイにしても、『教育の過程』の著者であるブルーナー（Bruner, Jerome 1915-）にしても、第3の学力モデルに立っているので、それぞれの著書を読んでほしい。

第2節　第1の学力モデルの残存問題

1　私たちの体内に残っている第1の学力モデル

以上の学力モデルを"自分の問題として"考えていけるように、第1・第2の学力モデルを総括しきれているか点検してみよう。後者は受験勉強

による知識の詰め込みに容易に確認できるが、前者は私たちの経験のどこに見いだせるであろうか。次のような経験に身に覚えはないであろうか。

・ある数学の難しい問題を十分に考えたとき、その解答が出せないときにも、「思考"力"がついた」と思ったりしたことはないか。
・試験勉強のとき、覚えられない事態に直面したとき、「記憶"力"が落ちたなー」と嘆いたりしたことはないか。

こうした「嘆き」は、私たちが思考力などを実体として心のどこかに想定しており、第1の学力モデルがいまだに私たちの体内に根づいていることを示している。その想定は、はっきりと意識されていないだけに、むしろ自然な発想に近いだけに、余計に根深い問題として見ておく必要がある。第1の学力モデルを意識的に総括しておかなければ、私たちは第3の学力モデルに基づいて学力の問題について考えていくことはできない。

2　教育界に残っている第1の学力モデル

この問題は広く教育界に残っていることを永野重史（1932-）は指摘する。教育界では「精神的な活動を説明するために「〇〇力」という力をもちだすだけでなく、教育の目標として、「〇〇力」という特定の能力を育成することを考える習慣も残っている」。たとえば「幾何学を勉強すると論理的思考力が養われる」と「何の根拠もないのに信じられている」。この教育界の風土を前に永野は次の疑問を呈する。

> 〔学習指導要領（1998）が打ち出した〕「生きる力」などという表現も便利な表現で、学校に通っている間にそういう「力」が身につけば、どんなことがあっても困ることはないかもしれない。だが、私たちは教育問題について、もっと具体的に考えなければならない。思考力だの、創造性だの、生きる力だの、都合のいいことを唱えていても、そういう「力」を、どのようにすれば育てることができるか少しもわかっていないというのでは、教育実践に生きる知恵をまったくもっていないことになるではないか（pp.17-18）。

このように思考力などの「○○力」は、「現実にどのように保障するのか」という観点から点検される必要がある。どのようにすれば「○○力」を児童・生徒に授業で保障できるのか分からないというのでは、私たちは「○○力」を授業の目標として掲げることはできない。

3　新学習指導要領に残っている第1の学力モデル

第1の学力モデルは新学習指導要領（2008）にも残っている。同要領「総則」の次の記述箇所に注目してみよう。

> 各学校において、児童に生きる力をはぐくむことを目指し、創意工夫を生かした特色ある教育活動を展開する中で、基礎的・基本的な知識及び技能を確実に習得させ、これらを活用して課題を解決する"ために必要な"思考力、判断力、表現力その他の能力をはぐくむとともに、主体的に学習に取り組む態度を養い、個性を生かす教育の充実に努めなければならない (p.13)。

ここでは知識の活用と思考力との関係が、前者のためには後者が必要であるというかたちでとらえられている。その関係は、第3の学力モデルを踏まえて、「知識の活用『を通して』思考力を育む」あるいは「知識を活用する『中で』思考力を育む」と記述されるべきだが、新学習指導要領の記述はいまだに第1の学力モデルに基づいている。

4　本節のまとめ

以上のように第1の学力モデルが私たちの体内にも教育界にも残っている限り、そして「○○力」信仰が残っている限り、第3の学力モデルを児童・生徒に保障していくことはできない。したがって私たちは、第1の学力モデルを改めて総括しておかなければならない。

第3節　第3の学力モデルの具体的事例

1　歴史教育における一般的知識（法則）を考える

　次に、複数の場面に適用（活用）可能な一般的知識（法則）を例示して、第3の学力モデルを具体的に説明することにしよう。

　法則を作る仕事が社会科で立ち遅れていることが随所で指摘されているので、私たち社会科学の専門外の者でも児童・生徒でも使いこなせる法則を考えてみよう。大塚久雄（1907-1996）の見解（『近代化の人間的基礎』pp.169-172）を参考にすれば、近代以前の社会には「商業が発達すれば幕府・朝廷は崩壊する」という法則が成り立つ。その根拠は次の図式で説明できる。

　　　　農業が発達すれば余剰生産物が民衆の間に蓄積する－（ならば）→民衆の間で生産物が動く機会が多くなり、商業が発達する（中央政権の管轄外で商品流通が盛んになる）－（ならば）→民衆の経済力が大きくなり、幕府・朝廷の経済力は相対的に小さくなる－（ならば）→幕府・朝廷は権力維持が困難になる－（だから）→幕府・朝廷が政権を維持するには、農業と商業を抑圧しなければならない。

2　歴史教育における一般的知識（法則）の活用

　この法則を活用すれば次のように思考できる。「幕府・朝廷は農民を農地に縛りつけて、商人などに転職しないようにしていたに違いない。そのための政策を幕府・朝廷は、何が何でも強行していたに違いない」。こう予想をして、たとえば網野善彦（1928-2004）の『続・日本の歴史をよみなおす』を開くと次の史実に目が止まる。律令国家は水田を国の制度の基礎とした。人民に水田を与える制度を、律令国家は「本気で徹底して」実施しようとしていた。たとえば志摩国の人民は「全て海民であるにも関わら

ず」、その人民にまで水田を与えようとしていた。このような指摘を前にすると、上の予想が当たり「やっぱりそうだ」と思うことができ、棒暗記ではない学習が歴史でもできることを実感できる。

　その他にも、上記の法則を用いれば「江戸三大改革も"実は"商業統制を目的としていたのではないか」と予想できる。この点を検証すると、享保の改革では幕府は「生活必需品取り扱いの問屋に対して、仲間組合の結成を勧め、仲間帳面の作製・提出を命じ」、商品流通統制に乗り出すと同時に、商品の移動調査を行っている（『岩波講座日本歴史 第11』）。ここでも「幕府・朝廷は商業を統制しないと"やっぱり"崩壊するのだ」と理解できる（寛政・天保の改革も商業統制のための改革であったのかどうかは調べてほしい）。このように法則を活用すれば、豊臣秀吉の太閤検地なども「法則の事例として」理解できる。

3　幼児の経験における知識と思考

　こうした法則の活用によって思考を促す授業研究は、特に理科において蓄積され、児童・生徒のその思考が多く報告されてきているが（たとえば『仮説実験授業入門』『極地方式入門』を読んでほしい）、そうした思考は小学生以上に限ったことではない。この点を例証するために、渡辺万次郎（1891-1980）の報告を要約して見てみよう。

　　(1) 私は幼児を、みやこぐさの花を見に近郊に伴った。(2) その名を聞かれたが答えず、幼児にその花を持ち帰り「おうちでそれによく似た花を見出すようにと指導した」。(3) 幼児はみやこぐさの花とえんどうの花との類似を見出し、みやこぐさにも「お豆はなるのか」と尋ねた。(4) 再度近郊に伴い、幼児が「そこに小さなお豆を見出した時、そこには自分の推理の当たった喜びがあった」。(5)「秋が来た。庭には萩の花が咲いた。彼らが萩にも豆がなることを予測した。彼らは過去の経験から、いかなる花に豆がなるのかを自主的に知り」取った（『理科の教育（Vol.8-11.）』p.7）。

以上において幼児は宇野忍（1946-）が説明するように、「エンドウとミヤコグサは似ている」「エンドウの花には豆がなる」という知識をもっており、それらの知識を活用して、みやこぐさにも「お豆はなるのか」と未知を予想している（『わかる授業の創造（Vol.6-1.）』）。この事例も、知識を活用するなかで思考力を育む第3の学力モデルを示している。

4　「学校知」の「剝落性」の問題

　以上のように知識を活用して未知を予想できず、知識を無理やり頭に詰め込むとき、受験勉強終了後に「学校知」（この用語は、政治的意味を含めていくつかの意味で使われるが、学校で教えられる知識という意味を基礎的意味としている）は剝がれ落ちてしまう。歴史の年代暗記に象徴されるように、「学校知」の「剝落性」の問題を、私たちは身にしみて経験している。たとえば「$y=0$」の事例を挙げよと問われた場合、回答できるであろうか。そのグラフは書けるが事例は挙げられないのではなかろうか。その妥当な事例を提示した学生は、筆者の調査によれば大学1年生126名中、実に6名（4.8％）であった。この結果は、「$y=0$」の知識が指し示す実際の事柄をつかみとらず、その知識をただ単に暗記してきた過去を示している。

　この「学校知」の問題についてはデューイも次のように指摘している（pp.22-23）。学校教育の「制度的な教授は現実ばなれした生気のない」もの、「抽象的で書物的な」ものとなりやすい。「制度的な教授の教材〔知識〕には、それが生活経験の主題から切り離されて、単に学校での主題にすぎなくなってしまう、という危険が常につきまとう」。この「学校知」の危険性は、「$y=0$」のほかにも私たちの経験の至るところに見いだせるはずである。小・中・高で覚えてきた「学校知」の中で、物事を思考する道具として現在でも活用できている知識があるか自らに問えば、「学校知」の危険性を自身の問題として認識できよう。その知識がなければ、私たちは「学校知」の意味（知識が指し示している実際の事柄）を把握せず、「学校知」を棒暗記してきたということである。

5　本節のまとめ

　以上のように「学校知」は日常生活の中で私たちが自然に理解できる知識ではないからこそ、「学校知」を理解・活用して思考する第3の学力モデルを児童・生徒に保障する仕事が、専門職として社会的・制度的に必要となるわけである。その保障のためには教師は、棒暗記してきた「学校知」を自ら活用できるように学び直すことがぜひとも必要となる。

第4節　新学力観・「生きる力」・OECDコンピテンシー

1　新学力観〜関心・意欲・態度〜

　最後に、知識と思考を関係づける第3の学力モデルに基づいて、新学力観・「生きる力」・OECDコンピテンシーについて見ておこう。

　1989（昭和64）年改訂の学習指導要領で、「関心・意欲・態度」を全面に押し出した新学力観が提示された。竹内常一（1935-）によれば、それを受けて改訂された指導要録（1991）が、旧指導要録（1980）で各教科の評価項目の末尾にあった「関心・態度」をトップに置き、「思考・判断」「技能・表現（又は技能）」「知識・理解」の順に並べたことで、新学力観は現場に浸透していった（『日本の学校のゆくえ』）。

　続く中央教育審議会答申「21世紀を展望した我が国の教育のあり方について」（1996）で、「自分で課題を見つけ、自ら学び、自ら考え、主体的に判断し、行動し、よりよく問題を解決する資質や能力」に「豊かな人間性」を加えた「生きる力」として、新学力観は引き継がれた（『教育を変える』p.185）。その「生きる力」を学習指導要領（1998）は「総則」に位置づけ、「総合的な学習の時間」を創設した。さらにその「生きる力」は新学習指導要領に引き継がれて、新指導要録（2010）でも各教科の評価の観点は、「関心・意欲・態度」を筆頭に「知識・理解」を末尾に置いている

(『小学校新指導要録改訂のポイント』)。このように新学習指導要領も学習指導要領（1998）同様に新学力観を受け継いでいる。

2 「生きる力」

では「生きる力」の中身を把握するために、学習指導要領（1998）における「総合的な学習の時間」の「ねらい」を見てみよう。

・自ら課題を見付け、自ら学び、自ら考え、主体的に判断し、よりよく問題を解決する資質や能力を育てること。
・学び方やものの考え方を身に付け、問題の解決や探求活動に主体的、創造的に取り組む態度を育て、自己の生き方を考えることができるようにすること。

この記述は上の中央教育審議会答申の「生きる力」の説明と重なっている。したがってその記述は、「生きる力」の説明と見ることができる。ここでも知識・理解に触れず問題解決・探究の"態度"が打ち出されている点に、新学力観の延長線上に「生きる力」が設定されていることが分かる。

3 新学力観の検証

ここで、「生きる力」の土台にもなっている新学力観を、第3の学力モデルに基づいて検証してみよう。新学力観の登場によって「『関心・意欲・態度』や『問題解決型の学習』が歪んだ形で強調され、『知識軽視』の風潮、それに基づく授業が多く見られるようになった」と市川は指摘する（『学力低下論争』p.208）。知識から離れて「関心・意欲・態度」が強調されている点を市川は批判するが、この批判の妥当性は、上述の幼児の事例に確認できる。その事例は、知識・理解から離れては問題解決・探究のみならず、関心・意欲・態度も形成されえないことを示している。幼児がミヤコグサの花の「その後」に関心を示しえたのも、「その花はエンドウの花に似ている」「エンドウの花には豆がなる」という知識を活用したから、また萩の「その後」を知ることに意欲を示しえたのも、「エンドウ・

ミヤコグサの花と萩の花とは似ている」「エンドウ・ミヤコグサの花には豆がなる」という知識を活用したからである。知識・理解と関心・意欲・態度とのこの関係を踏まえれば、前者を後退させ後者を全面に押し出す新学力観、および前者に触れずに後者の形成を説く「生きる力」は、両者を関係づける第3の学力モデルによってとらえ直しておく必要がある。

その場合、知識教育と知識偏重教育とは区別しておかなければならない。

・知識教育：児童・生徒が知識を理解・活用できるように教える教育
・知識偏重教育：児童・生徒に知識を単に棒暗記させる教育

「関心・意欲・態度」を前面に押し出した新学力観は、知識教育が知識偏重教育になっている現実を批判する上では有効である。歴史の出来事と年代の棒暗記に典型的に示されるように、各教科の知識の棒暗記によって児童・生徒が学習意欲を失っている現実を批判する上では有効である。その知識偏重教育を批判した後、私たちはそれを知識教育に転換していくことを課題とすべきであり、知識教育そのものを否定して「関心・意欲・態度」の形成を目指しては、新学力観の意義を見失うことになる。

4　OECDコンピテンシー（PISA型学力）

最後に、OECDコンピテンシー（PISA型学力）について見ておこう。

上述のように新学習指導要領も新学力観を引き継いでいるが、同要領は「総則」に知識の活用を明示して、「関心・意欲・態度」を大きく強調する新学力観を部分的に修正している。その修正の背景には、文部省による教育課程実施状況調査（1994-1996）の結果報告（1997）の他、OECDによるPISA学力調査（2000）の結果報告などがあった（PISA学力調査とは15歳を対象とした国際的な学習到達度調査である）。それらによって、知識の活用（応用）にわが国の課題があることが報告されはじめ、その後のPISA学力調査（2003・2007）でも、その課題は指摘されていた。

その学力調査を進めるとともにOECDは、これからの社会で必要とされ

る能力・資質として、2002年に「キー・コンピテンシー」(Key competencies) を提示した。それは、ライチェン (Rychen, D. S.) によれば次の三つのカテゴリーで構成される (pp.103-121)。(1) 異質な集団の中で交流する、(2) 自律的に活動する、(3) 道具を相互作用的に用いる。この (3) の中に、知識の活用は位置づけられている。知識の理解・活用との関連の中に、(1) に関係する社会認識、(2) に関係する自己認識の課題はどのように位置づけうるのか、そしてその三者を関係づける教育内容をどのようにつくり出していくのか、この点が「キー・コンピテンシー」から引き継ぐ学力保障の今日的課題であると思われる。これは容易な課題ではないが、その実践研究が進みゆけば、その新たな課題を私たちは学力保障の射程に入れていくことができる。

おわりに

以上本章は三つの学力モデルを提示して、知識を活用する「中で」思考力を育む第3の学力モデルの保障を学力論の課題としておさえてきた。それを教師が各教科において保障していくためには、教師自身が教科の知識を活用できるように学び直す作業が何より前提となる。その作業なしに、「キー・コンピテンシー」から引き継ぐ学力保障の今日的課題を、学力保障の射程に入れることも、新たな学力モデルとして提示していくこともできない。そのためにも教師には、児童・生徒が知識を活用できる授業を作り出して、第3の学力モデルを保障していくことが要求される。これは容易な仕事ではないが、そこに専門職としての教師の存在意義がある。

【文献一覧】

網野善彦『続・日本の歴史をよみなおす』(ちくまプリマーブックス96) 筑摩書房、1996年

家永三郎他編『岩波講座日本歴史 第11』(近世 第3) 岩波書店、1963年

板倉聖宣・上廻昭編著『仮説実験授業入門』明治図書出版、1965年

市川伸一『学力低下論争』（ちくま新書）筑摩書房、2002年

わかる授業の創造編集委員会『わかる授業の創造』〔vol.6-1〕2001年

大塚久雄『近代化の人間的基礎』（筑摩叢書）筑摩書房、1968年

ブルーナー, J. S.（鈴木祥蔵・佐藤三郎訳）『教育の過程』岩波書店、1963年

竹内常一『日本の学校のゆくえ：偏差値教育はどうなるか』太郎次郎社、1993年

竹内常一『教育を変える：暴力を越えて平和の地平へ』桜井書店、2000年

高橋金三郎・細谷純編『極地方式入門：現代の科学教育』（現代教育101選18）国土社、1990年

田中耕治編著『小学校新指導要録改訂のポイント』日本標準、2010年

デューイ, J.（松野安男訳）『民主主義と教育』〔上〕（岩波文庫）岩波書店、1975年

ライチェン, D. S.、サルガニク, L. H. 編著（立田慶裕監訳）『キー・コンピテンシー：国際標準の学力をめざして：OECD DeSeCo：コンピテンシーの定義と選択』明石書店、2006年

永野重史『子どもの学力とは何か』（子どもと教育）岩波書店、1997年

日本理科教育学会『理科の教育』〔vol.8-11〕東洋館出版社、1969年

文部科学省『小学校学習指導要領』東京書籍、2008年

第4章

教育環境の設定

前田 洋一

はじめに

「教育は人なり」といわれるように、学校教育においては、直接子どもたちを指導する教師が重要な役割を果たすことは明らかである。しかし、子どもたちを取り巻く教育環境、特に、一日の大半を過ごす校舎や教室などの学校空間も、子どもたちの成長・発達そのものに深くかかわっている。

教育環境がそこで学ぶ子どもたち、また、教える教師にとってさまざまな影響を与えている。それは、計画された顕在的カリキュラムとは異なり、意識されにくい潜在的カリキュラムとして機能している。

たとえば、教室の机の配置を思い出してほしい。6～8列の整列した学習用机と黒板を背にした教卓。この机の配置は、教師は知識の伝達者であり、子どもたちはただ受動的に知識を学ぶという関係を示していることになる。また、それに対応した長方形の教室の形は、経済性や均一な教育水準の確保という効率性の部分では大きな成果を上げることができたと考えられる。つまり、教育環境はそこで行われる教育活動と深く関係している。ある意味、そこで行われる教育のねらいを示すことにもなる。

そこで本章では、教育環境とりわけ学校建築に焦点を当てながら、教育活動との関係について見ていくことにする。

第1節　学校建築の流れ

1　学校の量的整備〈片廊下一文字型〉

日本の学校の多くが「片廊下一文字型」「南側教室北側廊下」という共通の構造をとっている。教室の大きさについては、明治時代に示された4間（約7.2m）×5間（約9.0m）とされたものが今日まで継承されている。

1950（昭和25）年、終戦後約200万人の教室を失った子どもたちのために、学校施設を全国一定レベルに整備することが急務であった。当時の文

部省が日本建築学会に依頼して作成した「鉄筋コンクリート造の標準設計」でも、教室の大きさは7.0m×9.0mとされ、片廊下形式の校舎が標準設計として示された。この形式の校舎が全国で建設されていった。

画一均一的な教室の基準は、小・中学生の増加に対する学校の子どもの許容量の確保という点では成果を上げた。

2　量から質への転換〈学校の質的整備〉

学校建築の充実が量的整備から質的整備へ目が向けられるようになったのは、1970年代である。欧米では、教育改革の流れの中で、1960年代後半から、教室と廊下の間の壁をなくし、開かれた空間を持つ校舎（オープンスペーススクール）が登場した。これは、「教える学校」から「学ぶ学校」への転換として、子どもたちの主体性と個性に合わせた学習環境を実現することを目的とした。

日本でも、1970年代半ばごろから教室環境について議論を重ねた。当時の文部省は、学校施設のあり方を「学校施設は成長過程にある児童生徒らの心理・情操の面にも大きな影響を与えることに留意しなければならない。したがって、学校施設のあり方は、単に教育や生活機能の面からだけでなく、更に文化的な視点からもとらえることが必要である」と1983（昭和58）年の『学校施設の文化的環境づくり』で示している。つまり、学校で行う教育活動と学校施設の関係が強調されるようになった。

このように、教室環境はそこで行われる教育方法と密接に関係づけられている。しかし、実態は、必ずしもオープン型の教室を採用した全ての学校で、その取り組みがうまくいっているとは限らない。施設面だけをオープンにしても、教育方法において従来通りの一斉授業を行っている学校では、十分な成果を挙げることができないことがある。むしろ、そうした学校では、隣の教室との壁がなく、「隣の教室がうるさくて授業ができない」とか、「気が散る」といった問題が指摘される。

この点について、上野は「学校建築の変革は起きたものの学校教育の実体が伴わなかった」ために「空疎なオープン化の現象だけがしばらく続

く」と示している(『学校建築ルネサンス』)。

3　個性化個別化教育、生涯学習と学校建築

　特に、大きく学校の教育的機能性に明確で大きな変化をもたらせたのが、臨時教育審議会の第3次答申(昭和62年)である。答申では、当時の教育問題である登校拒否、いじめ、校内暴力、学校崩壊が顕著であったことや少子化、核家族化、家庭の変化、また、情報化の進展といったように、子どもを取り巻く環境の変化に対応するために、教育改革の基本的な視点として、①個性重視の原則、②生涯学習体系への移行、③変化への対応の三つを改革の柱とした。

　この三つに対応するための文教施設として打ち出されたのが「インテリジェント・スクール構想」である。これは、高度の情報通信機能と快適な学習・生活空間を備えた本格的な環境として施設を整備するとともに、地域共通の生涯学習、情報活動の拠点として、その機能を最大限有効に活用する方策を、地域の状況や施設の特性に応じて進めていくというものである。具体的には、学校、研究施設、集会施設、文化施設、スポーツ施設など地域のさまざまな施設を有効に活用して、地域全体の生涯学習活動の活性化を図ることが目的とされた。

　1990(平成2)年には、研究成果を受けて東京都台東区に、社会教育施設と幼稚園を併設した上野小学校が開校されている。また、富山県では滑川中学校が、生涯学習センターを併設した形で改築された。校内にネットワーク化された200台を超すコンピューターを導入し、1993(平成5)年9月に学校のインテリジェント化が行われた。

　当時は、他の学校でも積極的に情報化に向けての対応が進められ、教育方法においてもコンピューター支援教育(CAI:computer-assisted instruction)についての研究実践やカリキュラムづくりが全国的に行われた。

　当初は、コンピューターによるティーチングマシンによって、学習者一人ひとりの理解度に応じた学習内容を提供することができ、臨教審が求めた「個性化」に対応できるものと考えられていた。学校施設に関しては、

CAIを行うために施設としてコンピューターを20～40台を配置したコンピューター室が学校に設置された。

しかし、実際には、カリキュラム開発に膨大な時間を要し、CAIソフトが十分に整備されなかった。また、当時のコンピューターを扱う教員の技術の習得など多くの課題があった。利用環境としても、コンピューター室は主に、空き教室などを利用して設置したため、普段の授業で活用しようとしても、移動して利用しなければならず、手軽に利用できる状況ではなかった。このように、人的環境を含めて理想的なシステムを構築することは困難であった。結局、コンピューター支援教育によって、教育の質を向上させる目的は達成できなかったわけである。

第2節 教科センター方式の中学校〈学校建築〉

1 96.2%の子どもたちが「楽しい」と答える学校

ここで、学校建築とその学校で行われる教育活動を明確に関係づけて、成果を上げている学校を紹介する。当該校は、2006（平成18）年4月に福井県初の教科センター方式の中学校として開校した坂井市立丸岡南中学校である（図1）。

当該校の2012（平成24）年度の生徒に対するアンケートの結果は、96.2％の生徒が「学校が楽しい」と肯定的な回答をしている。開校7年目でも、教科指導、生徒指導において、目覚ましい成果を上げている学校である。

2 教科センター方式

教科センター方式とは、従来の特別教室に加え、国語、社会、数学、英語の教科も専用教室を持ち、それぞれの教科教室に併設して資料やパソコンなどを備えたメディアセンターが一体として整備された方式である。教

図1●福井県坂井市立丸岡南中学校教室1階配置図　（『丸岡南中学校研究紀要』より）

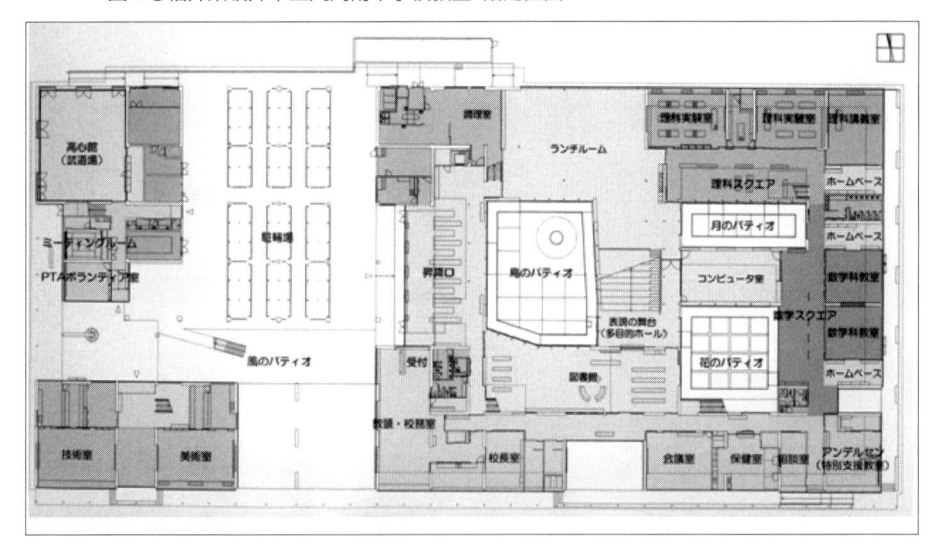

　科教室方式と呼ばれることもある。生徒は、理科や家庭科の授業を受けるように国語や数学の教室に移動して授業を受ける。
　各教科教室では、教科の雰囲気を味わうことができるように、学習する内容と時期を考慮した教材を設置することで、生徒の興味・関心を高めることができる。また、学習した内容や討論した内容をホワイトボードにまとめたものを掲示することで、他学級や、他学年の生徒が授業で活用することができたり、3年間の学習の流れを確認したりすることができる。さらに、教科教室やメディアセンターを活用することで、少人数学習やTTによる指導が実施しやすいというメリットもある。
　メディアセンターには教員が常駐しており、生徒の相談に気軽に応じることができる。そこに行って学びたい、学ぼうという意欲が生まれるなど、生徒の自主的な学習を援助する場として活用できる。

英語教室前面 　　　　　　　　メディアセンター（理科）

メディアセンター（英語科） 　　図書室で行われた図書委員会主催のクリスマス会

3　メディアスパイラル方式

　当該校の学校建築の特徴は、図書室を中核とした「メディアスパイラル方式（当該校の造語である）」である。学校の中心に配置された図書館を起点として、中庭を囲みながらオープンスペースやコンピューター室、メディアセンターを立体的・連続的・らせん的につなげて建築されている。廊下は全て行き止まりのない設計になっており、単に移動するための空間ではなく、生徒の居場所であり、生徒同士や教師との出会い、コミュニケーションができる空間としての豊かさを生み出す場として活用される。学校内の全ての場所への行き来が自由にでき、学校全体が居心地のよい自分の居場所となるような配慮がなされている。

　生徒用玄関を入ってすぐに配置されている図書室は、中庭に面した吹き抜けの大きな空間で、明るく大変開放的である。登下校や給食への移動の

学年主催の発表会　　　　　　　　HBで談話する子どもたち

際に通ったり、昼休みやスクールバスの待ち時間に使用したり、ほとんどの生徒が利用している。貸出冊数も多く（年間1人当たり25冊）、また、各教科メディアセンターにも貸し出しており、生徒の学習意欲の向上や調べ学習に役立っている。

多目的ホールは、学年・スクエア（後述）集会に利用されたり、地域の方を招いての演奏会活動も行われたり、生徒の表現の場となっている。

4　ホームベース

自教室がないため、学活や道徳、総合的な学習の時間は、ホームルーム教室として教科教室を割り当てて使用している。ホームルーム教室はクラス専用ではないので、隣接してホームベース（以下、HB）を設け、生徒個人ロッカー、ベンチを配置し、クラスの掲示物を貼るスペースが設けられている。教室とは違いアットホームな空間であり、授業と生活を切り替える場所として活用されている。生徒一人ひとりに与えられている個人ロッカーは鍵付きで、自己管理による自律を促すようになっている。また、個人ロッカー扉は全て違う色で作られており、生徒一人ひとりの個性を大事にするということを象徴している。

第3節　教科センター方式の中学校〈学校組織〉

1　生徒組織　スクエア制

　教科センター方式の学校では、教室という空間がつくっていた学級帰属意識をつくりにくいのではないか、という指摘もある。そこで、当該校では、従来の学校のように学級という場があることで生まれる帰属意識ではなく、同じ目標に向かって行動することで生まれる帰属意識を育てていく必要があると考え、縦割りの異学年集団による活動を取り入れている。この縦割りの異学年集団を、本校では「スクエア」と名付けている。各クラスが学活などで使用するホームルーム教室の配置は、たとえば、1年1組を2年1組と3年1組で挟む、というふうに、異学年で一つの「スクエア」を構成し、教科スクエアごとに配置している。

　この「スクエア」による活動は、集団の中で自主性と自律性を育てることを目的として、主に生徒会活動において取り入れている。各学年のクラス番号が同じクラス同士でスクエアを編成し、現在は校舎の中にある四つの中庭にちなんで「花・鳥・風・月」もう一つは「宙(そら)」と名付けている五つのスクエアで構成されている。

　また、スクエア制による生徒の活動が、学校文化継承の礎となることも期待している。3年生を核として、2年生や1年生が集会や清掃および給食などの生活を共にすることによって、上級生から下級生に学校文化の継承がなされていく。また、行事などの際に下級生は、指導する上級生の姿を見ることで、自分たちがその立場に立ったときに自覚が生まれ、実行委員会に進んで立候補するなど、積極的な行動につながっている。

　生徒会は、各スクエアから選出されたスクエアリーダー 1名（前期は3年生、後期は2年生）、サブリーダー 1名（前期は2年生、後期は1年生）を選出し、学校全体から選出された生徒会長と共に執行部として活動している。全校生徒で行う行事は生徒会執行部が中心となり、スクエア単位の行事で

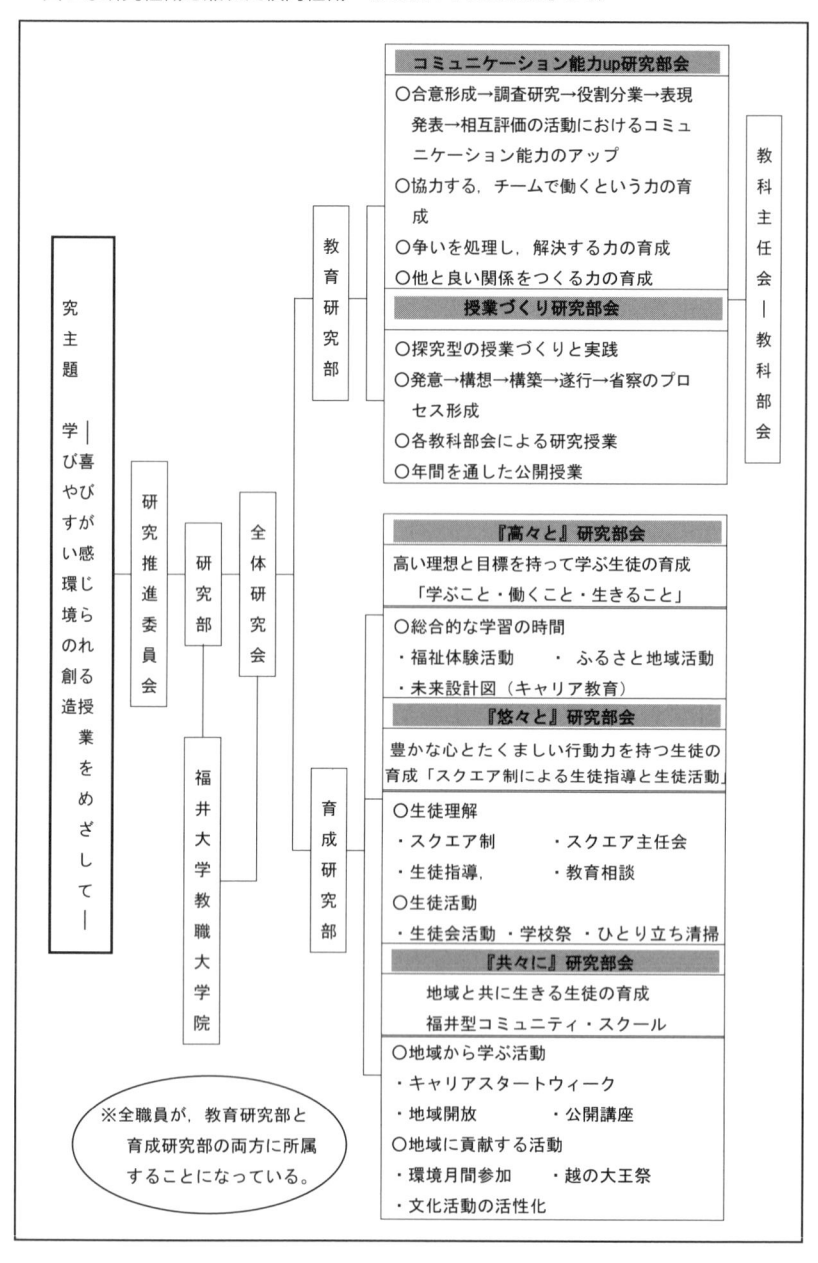

図2●研究組織を兼ねた校内組織　(『丸岡南中学校研究紀要』より)

【研究主題】
学び喜びやすがい感じられる環境の創造
―授業をめざして―

- 研究推進委員会
- 研究部
  - 福井大学教職大学院
- 全体研究会
  - 教育研究部
    - **コミュニケーション能力up研究部会**
      - ○合意形成→調査研究→役割分業→表現発表→相互評価の活動におけるコミュニケーション能力のアップ
      - ○協力する，チームで働くという力の育成
      - ○争いを処理し，解決する力の育成
      - ○他と良い関係をつくる力の育成
    - **授業づくり研究部会**
      - ○探究型の授業づくりと実践
      - ○発意→構想→構築→遂行→省察のプロセス形成
      - ○各教科部会による研究授業
      - ○年間を通した公開授業
  - 育成研究部
    - **『高々と』研究部会**
      - 高い理想と目標を持って学ぶ生徒の育成
      - 「学ぶこと・働くこと・生きること」
      - ○総合的な学習の時間
        - ・福祉体験活動　・ふるさと地域活動
        - ・未来設計図（キャリア教育）
    - **『悠々と』研究部会**
      - 豊かな心とたくましい行動力を持つ生徒の育成「スクエア制による生徒指導と生徒活動」
      - ○生徒理解
        - ・スクエア制　　・スクエア主任会
        - ・生徒指導，　　・教育相談
      - ○生徒活動
        - ・生徒会活動　・学校祭　・ひとり立ち清掃
    - **『共々に』研究部会**
      - 地域と共に生きる生徒の育成
      - 福井型コミュニティ・スクール
      - ○地域から学ぶ活動
        - ・キャリアスタートウィーク
        - ・地域開放　　　　・公開講座
      - ○地域に貢献する活動
        - ・環境月間参加　　・越の大王祭
        - ・文化活動の活性化
- 教科主任会―教科部会

※全職員が，教育研究部と育成研究部の両方に所属することになっている。

は各スクエアリーダー、サブリーダーが中心となって企画運営している。

2　教員組織

　生徒のスクエア制を支えるために、教員組織にも特徴がある。その特色を作り出すプロジェクトに即した校務分掌を作成し、プロジェクトにかかわらない不要な校務分掌を整理縮小している。学校の研究主題と直結した教員組織になっている。

　また、これまでの教務主任などの主任層の役割も、管理職と職員のジョイント役連絡調整機能や管理職の意志を伝えるメッセンジャー機能だけでなく、自らが学校経営に積極的に参加し、調整型ミドルから戦略的ミドルの資質を求めている。

　スクエアの運営を任されているスクエア主任は、所属学年を超え、スクエア全体の視点から学校運営に参加しなければならない。この部会は、これまでの中学校のように生徒指導も担当させるが、それだけにはとどまらず、学校行事の企画・運営にまでかかわる部会としている。スクエアでの課題を学校全体の課題として解決していく場にもなっている。

　このように教員のリーダーである主任が、ネットワーク的に他の部会とかかわることで、各教員の学校経営意識を醸成している。一人ひとりの教員が学校経営に積極的にかかわることで、より活発な学校経営が可能となると考える。

第4節　教科センター方式の課題

　藤原らは、過去に教科センター方式を実施した4校に対して、資料の収集と、現校長・教頭と元校長・教頭にヒアリング調査を行っている。「4校とも『生徒の落ち着きが無くなった』『器物の破損』などの学校の荒れ、すなわち生徒指導上の問題と、『職員室がないため教員間の人間関係ができず、教師間の連帯感がない』ことをあげており、（中略）生徒指導の基

盤となる学年教師間の意志の疎通が不十分であったことを指摘している」（『教科教室型中学校の…』pp.177-178）

また、屋敷らが調査した中学校では、「ホームベースのテーブルやメディアセンターの掲示物を撤去せざるを得ない状況が生じ、3年目には教職員は、生徒指導を充実するために教科教室制休止の検討を行うに至った。教育委員会の決定を経てちょうど3年間で一時休止となった。教室は、授業の妨げにならないよう、仕切りのない完全オープン型の教室には、他の教室と同じようにガラスの引き戸が設置された。また、ガラスの引き戸を有する全ての教室の廊下通行者や着席する生徒の視線の高さには幅のある帯状の曇りフィルムが貼られた。学力向上が課題となっており、授業への集中力を高めるためのものである。（中略）休止1年後には、学校が見違えるほど落ち着いた」（『教科教室制休止に対する…』pp.415-416）

以上のように、教科センター方式が新たな課題を生む報告である。

おわりに

ここまで、学校建築を含めた教員環境と教育の関係について見てきた。学校建築と教育活動を見てみると、オープンスペーススクールや教科センター方式は、一斉指導から、学習者の学習意欲や主体性に応じた「開かれた教育」を標榜したものであった。つまり、教育環境を「開いた」わけである。しかし、学校や教室で行われている教育活動が「閉じて」いれば、逆に、開いたことが原因で、学校に課題が生じる場合がある。

これからの学校教育には、知識基盤社会の到来や、グローバル化の進展など急速に社会が変化する中、幅広い知識と柔軟な思考力に基づいて判断することや、異なる文化や歴史を持つ人々との共存を図ることなど、変化に対応するコンピテンシーを育成することが求められている。自由な教育環境での学びが必要なのである

ことわざに、「新しい酒は新しい革袋に盛れ」というのがある。新しい思想や内容を表現するには、それに応じた新しい形式が必要だということである。これを学習環境と教育の関係で見てみると、これまでは、新しい

革袋が先行することが多かった。「はじめに」で、「教育は人なり」と教師の重要性を示したが、やはり、教師が新しい教育や方法について考えることが肝要である。

【文献一覧】

上野淳『学校建築ルネサンス』鹿島出版会、2008年

藤原直子・竹下輝和『教科教室型中学校の検証研究（小・中学校〈2〉、建築計画I）』(学術講演梗概集) 日本建築学会、2005年

文部省管理局教育施設部指導課編『学校施設の文化的環境づくり』文部省管理局教育施設部指導課、1983年

屋敷和佳・山口勝巳『教科教室制休止に対する生徒の評価に関する事例分析：教科教室型中学校施設の利用状況と評価に関する研究その11（中学校〈2〉、建築計画I）』(学術講演梗概集) 日本建築学会、2009年

善野八千子・前田洋一『力と夢を育てる新しい学校づくり：スキルアップ ブラッシュアップ メイクアップ』教育出版、2013年

前田洋一「生徒の〈やる気〉と学校づくり」梶田叡一責任編集『〈やる気〉を引き出す・〈やる気〉を育てる』(教育フォーラム50) 金子書房、2012年

注：写真などの出展は『丸岡南中学校研究紀要』2007年版、2008年版からのものである。

第5章

学習スタイルと授業形態

伊藤朋子

はじめに

　学習スタイルや授業形態は、教育の目標、内容、児童・生徒観や教師観、さらには利用可能な施設・設備によっても規定される。また、教師の必要、学習者の必要によって絶えず生み出される。こうしたもろもろの要因や要因相互の関連の変化によって学習スタイルや授業形態は絶えず変化発展する。これまで提唱され、実践されてきた多くの学習スタイルは、いずれもその目標を効果的に達成するものとして提唱されてきた。教育課程の編成における学習スタイルや授業形態は、それが教育の本質を反映しているかどうかという視点から考察されねばならない。

第1節　学習スタイルや授業形態を検討する

1　学習指導の「最適化」

　学習指導の形態は、学習指導の目的や教科の違い、さらには対象とする児童・生徒の学習状況の違いによって、変えていく必要がある。そこで、その学習目的、教科、児童・生徒の状況などを、バラバラに考えるのではなく、教授—学習過程そのものを教師、児童・生徒、教材などからなる一つのシステムとしてとらえ、目標や教科などの違いによって最大の効果が上がるように、学習スタイルや授業形態を選び、学習時間を決め、教材道具を選んでいくことが重要となる。これを学習指導の「最適化」という。

2　自発性と思考力の育成〜「批判的思考（Critical Thinking）」

　児童・生徒は、興味・関心・目的をもち、自発的な活動と作業の体験およびその表現を通して学習する。人が知識を発見し、発見した知識を真実であると認めるのは、経験を能動的に統合することによって、自分の中に意味を形成するときである。結局、問題が生ずるごとに、人間はその解決

を自分で考えなければならないのである。自分で考えたり悩んだりすること以外に、本当の意味で学ぶということはない。

デューイ（Dewey, John　1859-1952）が言ったように、教育の本質は成長にある。成長とは経験を再構築すること、すなわち後続する経験を方向づけ、その意味をより豊かにすることである。経験の再構築の過程における知的反省の産物として、知識や技術は獲得されるのであり、これを「反省的思考」という。

「批判的思考」とは、「適切な基準に基づく、論理的で偏りのない思考」であり、「メタ認知」を伴うものである。「メタ認知」とは、外の世界の何かを認知するのではなく、もう一段高いところから認知そのものを認知することである。デューイは省察的、能動的、主体的な「反省的思考」を重視したが、これは、「批判的思考」とほぼ同じ考えである。

3　学習の個性化

教師は、児童・生徒の個性を引き出すための学習指導を工夫することが大切である。考えるということは一人ひとりの中で問いが生まれ、問いが発展し、自分なりに解決するということである。この過程で児童・生徒は自己自身の欲求を吟味し、自分にとっての意味を見いだす。自分で考え、仲間とかかわり、思考や感情が動くという経験の中で知識や技術が必要とされ、使われ、確かめられる。こうして、学びの感覚とともに知識や技術が定着する。

4　知的協同による社会化

教師は、学習指導を通して児童・生徒を社会的存在へと形成する任務を負っている。教えるということは、教師が示そうとしていることの意味を、児童・生徒がつかもうとして努力する知的協同があることによって可能になる。この知的協同の根源には信頼がある。相互の信頼に支えられるからこそ、児童・生徒は、複雑で多様な世界に翻弄されることなく、世界と通底し、かつ主体である自己を確保することができる。信頼に支えられた知

的協同による世界の能動的形成こそが、知識と技能の成立に欠くことのできない条件である。

5　目標の明確化

児童・生徒が明確な方向を持った学習をするためには、児童・生徒自身が何を学ぶのか、何が分かり何ができるようになるのかについて知っている必要がある。教師は口頭で、あるいは板書で結果として、児童・生徒が知るべきことが何なのかを明示しなければならない。しかし、それは児童・生徒の責務というよりは、期待や希望として表現されるべきである。

目標の明確化は、結果としての到達を明確に示すだけでなく、目標を達成するための教材、時間や利用可能な空間、学習手段に関しても十分に知らされている必要がある。

6　コミュニケーション力の育成

授業はコミュニケーションである。教師も児童・生徒も相互に送り手になったり、受け手になったりしてメッセージを交換しあっている。それは教科についての共通のコード（一定の約束に基づいた記号体系）に基づいてなされる。教育におけるコミュニケーションがコミュニケーション一般と異なるところは、教師と児童・生徒の間に初めから共通のコードを前提できないことである。教育においては、教師は児童・生徒に新しいコード体系の存在を知らせ、そのコードに習熟させつつ、内容を伝達しなければならないのである。すなわち獲得すべき言葉や概念を説明し、使われている言葉が生徒によって十分理解されているかどうかを確かめることが必要なのである。それを怠ると、多くの児童・生徒たちは、それを理解するよりは暗記してしまう。

7　学習価値の認識

児童・生徒が学ぶことの意味を感ずるための前提は、教師が深い教材研究によって、その教材の文化価値や教育的価値を知っていることである。

国語の物語文でも、社会科の歴史資料でも、学習の場に持ち込まれる素材（学習材）は、そこから学習可能なさまざまの内容を有している。教材を研究するということは、この学習可能な内容と、児童・生徒の思考や感情を照らし合わせ、学習の基本的な方向性を見つけだすことである。児童・生徒の興味や関心と結びつけて説明するとか、社会的・歴史的に確かめられた価値を知らせることも必要である。

第2節　学習スタイル

1　学習スタイルとは

　教育課程の展開は一定の学習スタイルによって行われる。学習スタイルという言葉は「系統学習」や「問題解決学習」のように全体としての授業像を指す場合、「練習」「実験」といった授業中の活動形態を指す場合など、広狭さまざまに使われる。

　学習スタイルのとらえ方は「学習」をどう見るかによって異なる。学習については、①学習者同士の協同的な社会過程、②学習者個人の内的な情報処理過程、③さまざまな行動変容の過程、④教材化された科学的概念の獲得過程などさまざまなとらえ方があり、どの意味において学習が考えられているかによって、「学習スタイル」の意味が異なってくる。

　また学習スタイルは「主体」「内容」「人間関係」の三つの側面で記述することもできる。すなわち①主体の行動様式からは「問題解決学習」「習慣形成の学習（練習、ドリル）」が区別されるし、②内容（文化価値としての教材内容）によっても異なるし、③人間関係の組織のされ方からは一斉学習、個別学習、小集団学習（協同学習）などが区別される。現実の学習はこれら三つの側面が複合したものである。

　どのような教育目的の下に、どのような学習者に、どのような学習スタイルを採用するかで、どの側面にどのような効果を発揮したか。それらを

丁寧に確かめる中で、学習スタイルの改善や工夫は行われなければならない。

2 学習スタイルの分類

学習スタイルには小さな単位から、それらが複合され体系化された大きなものまでさまざまなものがある。

最も小さな単位としては、教師や児童・生徒の授業中の活動形態で「指導方法」と呼ばれる。①講義法、②問答法、③討議法、④視聴覚的方法、⑤劇化法、⑥観察法、⑦動作化、⑧実験、などが該当する。

学級の学習集団の組織や編成の仕方にかかわった学習スタイルとしては、①狭義の教授法（講義、展示）、②自習法（経験、観察、実験、読書）、③相互学習法（問答、討議、発表）、がある。

授業形態として一般に使われる、①一斉学習、②個別学習、③小集団学習（協同学習）、という分類も学習集団の組織、編成の仕方にかかわったものである。

教科の性格に対応した学習スタイルとしては、①基礎教材型（算数、国語）、②教材単元型（理科、社会）、③経験単元型（生活科、総合的学習）、がある。

志向する理念、目標を含めて名づけられた学習スタイルとしては、①系統学習、②問題解決学習、③発見学習、④プログラム学習、⑤プロジェクト・メソッド、⑥ドルトン・プラン、などがある。

3 プログラム学習

スキナー（Skinner, Burrhus Frederic 1904-1990）によって理論的に提起された学習理論で、あらかじめ設定されたプログラムに基づく学習を指す。ここでいうプログラムとは明確な到達目標、それに至る具体的な行動で示された下位目標、行動の指示や評価を含む一定の順序や系列からなる。それは学習をスモール・ステップと、即時フィードバックの原理による行動形成と考えるからである。①反応結果がすぐわかる、②積極的に反応しな

いと学習がすすまない、③自己ペースですすめられる、④スモール・ステップ、⑤学習者による検証・診断ができる、という原理を備えているため、わが国では一斉学習の欠点を補うための個別学習という観点で注目される。

4　系統学習

教科によって、科学、技術などの体系化された内容を系統的に学んでいく方法。教師は科学、技術などの客観的な知識を、学習者に系統立てて伝授する。

5　問題解決学習

デューイは、生活即教育の経験主義的教育論を展開した。学習者が自らの生活経験の中から問題を発見し、それを実践的に解決していく過程を通して、科学的知識や自主的な問題解決の方法・能力を習得させようとする方法。問題解決の五つの段階は以下の通りである。

①暗示：問題の自覚、②知的整理：問題の明確化、③仮説：仮説を立てる、④推理：解決計画を立てる、⑤検証：仮説の検証。

6　発見学習

ブルーナー（Bruner, Jerome Seymour　1915-）が提唱した発見学習は、事象を知的に操作-する力の形成を重視する。そこで科学的な基本概念を教材として学習内容を精選する。これは「問題解決学習」が行動的経験を教材とするのと異なる。発見的手法による学習が重視され、その限りで学習者の活動は一定の制約を受けながら進む（＝導かれた発見学習）。発見学習の学習過程は一般に、問題をもつ→予想を立てる→確かめる→適用するといった順序である。

7　有意味受容学習

オーズベル（Ausubel, David Paul　1918-2008）が提唱した学習スタイルで

あり、学習に先行する未分化な認知から、後行するより分化した認知へと段階を順序よく昇るとき、有意味な学習が成立すると考える。有意味受容学習は論理的な系統学習が、実質的には無意味な記憶学習であると批判し、他方発見学習の「学習の仕方」が学習されるとか、一般的な「転移」が可能であるといった仮説を否定する。

この学習の特徴は、学習内容を学習者の生活に接近させる心理的な系統を主軸にする、学習者の動きに応じた可変的な学習というところにあり、学習過程は一般に、経験する→易から難へと学びとる→身につける、といった順序に組み立てられる。

8 プロジェクト・メソッド

デューイの弟子キルパトリック（Kilpatrick, William Heard　1871-1965）によって考案された。理科（自然科学）的内容や、社会科（人文・社会科学）的内容が軸になっているが、それは伝達されるべき内容ではなく、学習者によって発見され探求されるべき対象である。教科の枠が取り払われ、トピックの選択においては、学習者一人ひとりの興味・関心が最大限に尊重される。「教科」の技術・方法は、道具としてトピックの学習に使われ、それによって一つひとつの技術・方法にさらに磨きがかけられる。こうして興味・関心をもった対象を把握するための方法論を、創意工夫をこらしながら学習する中で、「学習の仕方を学ぶ（Learning how to learn）」のである。

プロジェクト・メソッドの過程は、①目的設定、②計画、③実行、④評価、の4段階からなる。これがまとまって「作業単元」が構成される。

9 ウィネトカ・プラン

1919年以降、アメリカ・イリノイ州ウィネトカ市の小・中学校で、ウォッシュバーン（Washburne, Carleton Wolsey　1889-1968）を中心に実施されたもので、教育課程を、共通必修教科と集団的・創造的活動の二つに分け、個別学習を重視した。20世紀初頭における新教育運動を代表するプラ

ンの一つであり、個人差に応じた教育指導と、集団による人間形成を、一つの教育組織体制の中に位置づけたものとして特色がある。

10　ドルトン・プラン

進歩主義教育の一つの学習スタイルとして、パーカースト（Parkhurst, Helen 1887-1973）によって創始され、1919年に、ニューヨークのドルトンスクールで全面的に実施された。従来の学級組織を解体し、学校における家庭としての「ハウス」での人間関係を基礎に、教科別の実験室「ラボラトリー」において教科担任の指導を受け、一カ月単位の「アサインメント」（学習割り当て）を個々のペースで進め、個別または集団で学習する。また、「劇」「地域奉仕活動」や「会議」での討論など、コミュニケーション力や批判的思考力を養うようなプログラムに特色がある。

11　モジュラー学習

モジュール（module）は取り替え可能で、しかもそれ自身が完結した小単位という意味で、教育におけるモジュール化の考え方は、コンピュータープログラムの設計にはじまり、その後、個別学習教材の設計思想として展開された。

学習の個別化のためのモジュールには、教材モジュールや時間モジュールがある。グレイサー（Glaser, R.）とクーリー（Cooley, W. W.）のIPI（個別処方教授）は、各教科ごとに教授目標、下位目標の前提条件が明確にされ、それぞれの下位目標群が、生徒に無理なく学習できる単位として、教授単元にまとめられている。教授単元は事前テスト、レッスン、カリキュラムに埋め込まれたテスト、事後テストからなる。

時間モジュールは教授の時間を15〜20分の区切り（モジュール）に分けて、それを組み合わせて授業時間とする。たとえば計算のドリルや、漢字練習は15分の時間モジュールで構成し、実験や作業は90分単位の時間モジュールで構成するなどである。モジュールの導入で、オープンスクールでの学習や総合的な学習のカリキュラムの時間運営が、個に応じた弾力的

なものになった。

12　ディベート

　教育におけるディベートは、論理的思考力を養う目的で行われる。派生的には聴き手を育てる、発表能力がつく、情報活用能力を高めるという目的もある。

　一つの「論題」をめぐって、原則として2組の間で、一定のルール（人数、進行方法、審査方法など）に従って行われる討論形態である。議論は断定ではなく、立証されうるものでなくてはならない。一般に、論題の選択（1.事実論題、2.価値論題、3.制作論題など）→論題の整理（1.論題の用語の定義、問題領域の把握）→争点の整理（現実性、実行可能性、メリットとデメリットなど）→論証のプロセス（1.データ、論拠、結論、2.条件、限定、裏づけ）といった手順で進められる。

13　ロールプレイング

　他者の役割を演じることで学ぶ、一つのシミュレーション技法である。教育においては、①人間関係についての洞察力を高める、②コミュニケーション技法を身につける、③学習内容の応用、展開を図る、④興味や関心の向上（動機を強める）を図る、⑤学習への参加を高める、といった目的で用いられる。

　決まった方法があるわけではないが、①時間は通常5〜15分、②筋書きが用意される場合とされない場合がある、③観察者に視点を指示する場合と、しない場合がある、④役割は生徒同士、教師と生徒、教師同士など、目的に応じてさまざまである、⑤終了後「わかちあい」がなされ、何が起こったか（感情も含め）が話し合われる。

第3節　授業形態

1　授業形態とは

　学習指導にとって授業形態は重要な意味を持つ。学習の内容・指導過程・教材、そして児童・生徒たちの状況などによって、授業形態を使い分けたり組み合わせたりする必要がある。授業形態には、主に①一斉学習、②個別学習、③小集団学習（協同学習）、がある。

　①「一斉学習」は、一番よく行われている形態である。教師が学級全体に対して、同一の学習内容・教材・課題を一斉に指導していく授業形態である。ただし、この形態でもいろいろな学習のあり方がある。〔教師⇒児童・生徒たち〕という形で教師が一方的に説明をするだけのもの。〔教師⇔児童・生徒たち〕という形で教師と児童・生徒とが一対一で問答をするもの。〔児童・生徒⇔児童・生徒〕という形でそこに児童・生徒相互の話し合い・問答・討論があるもの、などである。

　②「個別学習」は、児童・生徒たち一人ひとりが、その興味・学力・学習速度などに応じて、学習内容・教材・課題に別々に取り組む授業形態である。この形態では、個別に〔教師⇒児童・生徒〕〔教師⇔児童・生徒〕といった関係が成立しているだけで、基本的には児童・生徒相互のかかわり合いはない。

　③「小集団学習」（協同学習）は、一定の人数で学習のための小集団を編成し、それを単位に学習を進めていくものである。学習内容・教材・課題への取り組みは、小集団での話し合い・検討を軸に進められる。ここでは、〔児童・生徒⇔児童・生徒〕〔教師⇔小集団〕〔小集団⇔小集団〕といった関係が成立する。

　どの形態がよく、どの形態がよくないというわけではない。それぞれの特徴を知ったうえで、必要に応じて使い分けていけばよい。1校時の授業の中で、これらを有機的に組み合わせることも重要である。

2　PBL～小集団学習をデザインする

　PBL（Project-based Learning）とは、身近な事象から課題を発見し、自ら問題を解決する能動的な学習方法であり、小集団学習と自己学習から構成される。小集団学習（協同学習）は、数人の小集団での話し合い・検討を軸に進められる。が、それは一人ひとりの学習と学級全体での話し合い・検討が組み合わされることによって、はじめて効果を発揮する。たとえば、ある学習課題について、まずは一人ひとりが考える。その上で小集団で話し合い・検討を行う。そして、それに基づいて学級全体の話し合い・検討・討論に入る。全体での検討の状況によって、再び小集団や一人ひとりの検討に戻る、といった過程である。

　PBLによる小集団学習は、協同して主体的能動的に学習内容・教材・課題を追求する質の高い学習集団を成立させていくために、たいへん有効な授業形態といえる。

　PBLが進展していくと、討論のある授業が展開できるようになる。討論の授業によって、児童・生徒たちはその教科の認識方法や知識をより効果的により豊かに学ぶことができる。討論の授業での論議過程は、児童・生徒たちの内部で、自己内対話という形で後に再現され、論理的な思考力・創造的な思考力を発達させていく。

　ただし、そのかわりにPBLには、指導上配慮しなければならないことがいくつかある。通常小集団学習では児童・生徒たちは話をしやすいように、机を合わせ、対面する形をとる。これは、話し合い・討論に適している一方で、おしゃべり（私語）がよりしやすくなるということでもある。だから、PBL成立には、教師の指導上の丁寧な配慮が必要となる。

　たとえば、初めの段階では次のような配慮が考えられる。①小集団の人数をあまり多くしない。②小集団編成は、いろいろな配慮をしながら教師がつくる。③各小集団でリーダー（学習リーダー）を決め、そのリーダーが話し合いの進行などができるようにする。教師はリーダー会などで進行の仕方を丁寧に指導する。④あまり高度な課題は設定せずに、全員が比較

的容易に取り組めるものを準備する。⑤1回の小集団の話し合いの時間を短くする。必要に応じてPBLを取り入れることで、学習指導の質が大きく向上する。

おわりに

　教育課程が一人ひとりの児童・生徒において、実際に展開されるのは授業においてである。そこで、教師は授業を学習の場としてデザインする必要がある。ここでいう学習の場とは、自由にアクセスできるようなメディアや教材を備えた環境のことでも、時間や空間や人などからなる場所のことでもない。学習の場とは、児童・生徒が「人（教師も含め）・物・事」と具体的にかかわり、経験し、経験を意味づけていくのを促進、支援する力を持った場のことである。

　わが国の教育界では、一つの学習スタイルが「〇〇学習」「〇〇方式」の名の下にかたくなに順守されたり、また流行に従って偏重されるということが、しばしば繰り返されてきた。学校教育の目標としては、読み書きの能力はもとより、社会性や自主性といわれる能力や態度の育成など、次元や種類の異なるさまざまなものがある。学習スタイルは、授業の「方式」や「型」として固定してとらえるのではなく方法として、教育目標に照らして柔軟に選択・考案されねばならない。

【文献一覧】

　鹿毛雅治・奈須正裕編著『学ぶこと・教えること：学校教育の心理学』金子書房、1997年

　三宮真智子 編著『メタ認知：学習力を支える高次認知機能』北大路書房、2008年

　田中耕治 編『よくわかる授業論』（やわらかアカデミズム・〈わかる〉シリーズ）ミネルヴァ書房、2007年

田中耕治・鶴田清司・橋本美保・藤村宣之『新しい時代の教育方法』（有斐閣アルマ）有斐閣、2012年

デューイ, J.（松野安男訳）『民主主義と教育』〔上・下巻〕（岩波文庫）岩波書店、1975年

デューイ, J.（原田實訳）『経験と教育』春秋社、1950年

細谷俊夫『教育方法〔第3版〕』（岩波全書）岩波書店、1980年

Flavell, J.H. Speculations about the nature and development of metacognition. In F.E. Weinert and R.H.Kluwe（Eds.）, *Metacognition, motivation and understanding*. Lawrence Erlbaum Associates. 1987. pp. 21-29.

Meltzoff, Julian *Critical Thinking About Reseach: Psychology and Related Fields*. Cole, 1992.Washington DC: American Psychological Association. 1997.

Zechmeister, E. B. and Johnson,J.E. *Critical Thinking: A Functional Approach*, Brooks Cole, 1992.

第6章

授業をつくる技術

開　仁志

はじめに

「授業づくり」はどのようになされるだろう。いろいろな考え方があるが、本章では「授業づくり」を四つの要素からとらえている。「何を教えるのか」という「目標・ねらい」の要素、「どういった教材を使い、どういう手順で進めるのか」という「デザイン」の要素、「子どもたちにどのように働きかけるのか」という「実践」の要素、そして「どのように学力を評価するか」という「評価」の要素である。この四つの要素の中で、最後の「評価」については他章に詳しいため、ここでは「目標・ねらい」「デザイン」「実践」の三つの要素について見ていくこととする。

第1節　授業の目標・ねらい

1　教科の目標

まずは、「目標・ねらい」の段階から見ていきたい。いうまでもなく、授業こそ教育活動の中核をなす実践である。だから、授業の目標を突き詰めて考えるならば、本書の序章に述べられている通り、国家の文教政策や学校目標の影響を受けることになるが、ここでは省略する。ここでは、さらに具体化された授業レベルの目標について見ておきたい。

たとえば、あなたが3年生の理科の授業を構想する場合、何から始めるだろう。あなた自身が3年生に教えたいことや、経験させたいことがはっきりしているのであれば、それでもいいが、そういう人は少ない。となるとまずは、「学習指導要領」の教科の目標を見ることになる。

　理科の教育目標
　　自然に親しみ、見通しをもって観察、実験などを行い、問題解決の能力と自然を愛する心情を育てるとともに、自然の事物・現象についての実感

を伴った理解を図り、科学的な見方や考え方を養う。

第3学年の目標（理科）

(1) 　物の重さ、風やゴムの力並びに光、磁石及び電気を働かせたときの現象を比較しながら調べ、見いだした問題を興味・関心をもって追究したりものづくりをしたりする活動を通して、それらの性質や働きについての見方や考え方を養う。

(2) 　身近に見られる動物や植物、日なたと日陰の地面を比較しながら調べ、見いだした問題を興味・関心をもって追究する活動を通して、生物を愛護する態度を育てるとともに、生物の成長のきまりや体のつくり、生物と環境とのかかわり、太陽と地面の様子との関係についての見方や考え方を養う。

（『小学校学習指導要領』より）

どうやら、小学校全体としては、見通しをもって観察、実験などを行うという（かなり狭い意味の「問題解決能力」だが…）「問題解決能力」がキーワードになっているということ、さらに3年生は「物の重さ」「風やゴムの力」「磁石」「電気」などの現象を比較し、子どもが見いだした問題を追及していくことが重視されているようである。

2　授業の「ねらい」を定める

それでは、個々の授業において「何を教えるか」をどのように確定していくのか。「学習指導要領」はよくできていて、「内容」として、そのことまで具体的に述べられている。たとえば、先の理科の3年生の教育目標の(1)については、以下のように示されている。

3年生理科の内容

　A　物質・エネルギー

　(1)　物と重さ

粘土などを使い、物の重さや体積を調べ、物の性質についての考えをもつことができるようにする。
　　ア　物は、形が変わっても重さは変わらないこと。
　　イ　物は、体積が同じでも重さは違うことがあること。

（2）　風やゴムの働き
　風やゴムで物が動く様子を調べ、風やゴムの働きについての考えをもつことができるようにする。
　　ア　風の力は、物を動かすことができること。
　　イ　ゴムの力は、物を動かすことができること。

（3）　光の性質
　鏡などを使い、光の進み方や物に光が当たったときの明るさや暖かさを調べ、光の性質についての考えをもつことができるようにする。
　　ア　日光は集めたり反射させたりできること。
　　イ　物に日光を当てると、物の明るさや暖かさが変わること。
　　（後略）

（『小学校学習指導要領』より）

　ここで、国家レベル（学校教育法の教科の理念、学習指導要領の教科の目標）、学校レベル（各校の指導方針）の意図については「目標」とし、授業レベルの意図を「ねらい」と呼ぶならば、あなたが構想しようとする授業の「ねらい」はかなり絞られてくる。たとえば、光をテーマとして懐中電灯や鏡をつかった授業を行うにしても、それによって「何を教えるのか」という問いには、光の性質の内の「光の集中と反射」と「照射による明るさや温度の変化」と述べることができるだろう。
　ただ、注意したいのは、これはあくまで国家が決めた最低レベルの「ねらい」であって、この習得のみを目指すことに終始するようになってはいけない。総合学習だけでなく教科であっても、学年の内容を越えた、ある

いは他の内容や他の教科目標とコラボレーションする「ねらい」も可能である。「学習指導要領」での目標は、授業の「ねらい」を定めるための一つの指針として重視しなければならないが、そこで示される「内容」のみを追い求めてしまうと形式的な授業展開になっていく危険性がある。

第2節　授業のデザイン

1　教材づくり・教材開発

　教材とは、教育内容を習得させるために必要な材料である。教材を狭くとらえれば、授業の「ねらい」を達成するための文化財といえる。教材の代表格は「教科書」である。「小学校、中学校、高等学校、中等教育学校およびこれらに準ずる学校において、教育課程の構成に応じて組織配列された教科の主たる教材」（教科書の発行に関する臨時措置法第2条）とされ、教師たちには使用の義務がある。また、NIE（Newspaper in Education＝「エヌ・アイ・イー」）の運動として、教育現場での新聞の活用も進められているが、この新聞もよく教育現場で使用される教材である。このような文章（教科書・新聞・資料）の他に、問題（プリントや発問などによる）、実物や模型、ソフトウェア（VTR・OHP・パワーポイントなど）などが教材にあたる。さらに教材を広くとらえるならば、ここに教具が加わる。つまりノート、鉛筆、黒板、机、椅子、視聴覚機器、コンピューター、実験器具、模型、掛図、運動用具、楽器などである。

　いうまでもなく、教科書の文章だけを使った授業というのは、授業展開上の多様性や柔軟性に欠けるため、さまざまな教材を多用するのが一般的である。授業の成否を左右するのも、こうした教材をどのように活用していくかにかかっているといっても過言ではない。前節でみたように、日本においては教えるべき内容（＝教育内容）は、「学習指導要領」でかなり絞り込まれている。目標や「ねらい」については、あまり授業者としての独

自性を発揮しにくいが、それに対してどういった教材をどのように用いるのかにかかわる、教材づくり・教材開発については、ほとんどが授業者にゆだねられている。

　では、どのように教材開発を進めていくのか。藤岡は、「上からの道」「下からの道」という言葉で、その方法論を示している。「上からの道」は、教育内容である授業の「ねらい」を出発点として、それに関連する事実や現象の中から学習者の思考を誘発するものを選択・構成するという教材研究の進め方である。他方、「下からの道」は、子ども（＝学習者）の関心を引きそうな事実や現象、学習活動から出発して、それと対応する教育内容を探して両者を関連付けようとするものである。

　「上からの道」か「下からの道」か。出発点の違いによって、教材研究の方向性は大きく異なってくる。いうまでもなく、いずれの道も満たすような、つまり、子どもの関心を引きつつ授業の「ねらい」を達成していけるような教材が理想的であるが、なかなかそのようにはいかないだろう。大切なことは、いずれかの二者択一ではなく、できる限り双方を意識して教材づくり・教材開発を行っていくことではないだろうか。

2　学習指導案づくり

　学習指導案づくりについての詳細は、第7章をご参照いただきたいが、ここでは、簡単にその意義について触れておく。

　学習指導案は、教育実習の研究授業のときには、指導者や他の見学者に、この授業の内容を示す資料となる。だが、それだけではない。教師が学習指導案をつくることは、いわば、授業を向上させるための自己対話を行うという意味もある。

　学習指導案づくりの中に、授業の俯瞰図があるといってよい。先に見てきた授業の「ねらい」、教材の選択と活用に加え、子どもたちの学習状況を加味した授業展開・授業形態について（あるいは評価規準や評価方法も含めて）、あらかじめ確認・予見していくのである。具体的には、学習指導案作成を通じて、「授業（教育）目標」「教育内容・教材・教具」「授業過

程の展開（授業構成）」「授業形態」「評価の方法」といった、あらゆる観点を事前に考慮・確認していく。

①「教育内容」と授業の「ねらい」の明確化

　「何を教えたいのか」という「教育内容」を授業の「ねらい」として明示し、さらに、教科の目標を関係づける。

②「教育内容」に最もよく迫りうる教材（具体的事実・現象・素材など）の選択・開発・工夫

　目標としての「教育内容」を「どのような教材・教具によって教えるのか」について深く考える。

③「授業過程の展開」の構想

　子どもの実態、教育内容、教材、教具の性格に即して、学習時間の配当も含めて、授業展開の進行を考える。

④「授業形態」の構想

　学習集団サイズとしての全体・小集団・個人、指導形態としての講義・作業（実習・実験）などから授業形態を構想する。

⑤「時間配当」の考慮

　年間・単元・一単位時間ごとのレベルで時間配当を考慮する。長期的な見通しの中で、本時の授業をとらえる。

⑥「評価の方法」の具体化

　授業における「ねらい」をどのように評価していくのか。その方法と共に具体的に考える。

第3節　授業の実践

1　授業展開

　授業というのは、教材を通じて行われる教師と子どもとの相互的な活動である。だから、教師が予見した通りに、授業が展開するとも限らないし、

予想した以上の子どもの学習成果を生み出す場合もある。昨年の5年生に反応がよかった授業を同じように行ったとしても、今年の5年生に通じるかどうかわからない。その意味で、授業は「ライブ」である。やってみなければわからない部分が多い。

　授業がライブであるとするならば、結果のすべてを担保するわけにはいかない。しかしそれでも、生身の子どもたちが本当にこの授業を受けてよかったと思える授業を展開するための仕掛けづくりは欠かせない。

　授業展開には、さまざまなバリエーションがあるし、学習形態もさまざまである（詳しくは第5章を参照）。ここでは、スタンダードな展開として、「導入」「展開」「終結」の3段階を想定し、それぞれの留意点について触れていく。

　導入段階。授業の導入は、子どもたちが文化財と出会う段階である。授業の「ねらい」である教師の「教えたいもの」を、子どもたちの「学びたいもの」に変えていく重要な機会でもある。いわゆる「ツカミ」が不十分だと、その後の子どもたちの学習意欲の減退を招いてしまう事態となる。「ツカミ」の研究は、十二分に行っておくべきである。

　展開段階。導入を受けて、実際に行われる学習活動の段階である。ここには、さまざまな学習形態を導入することが可能である。教科書をもとにした一斉教授から、話し合いをもとにした協同的な活動、子どもの学習スタイルを重視した個別学習まで。あるいは、プリントをもとにした共通課題への取り組みから、ミッションにもとづくパフォーマンス活動まで。教師であるならば、一斉教授だけでなく、さまざまな学習形態を準備できるようになりたい。展開段階で重要なことは、序章でも触れられているように、子どもたちに「お付き合いしてもらう」「学んだふりをしてもらう」授業であってはならないことである。ライブとしての授業は、子どもたちが傍観者になってはいけない。会場全体が、当事者であり創造者であり参加者であるのがライブである。盛り上がりすぎて脱線することがあってもよい。とにかく、教師は「子どもたちが本当に学んでいるのか」という視点で、展開場面を見ていくことが必要である。

終結段階。まとめの段階である。通常は、これまでの授業を振り返ったり、それぞれの学びのプロセスを見直したりする場面である。しかし、ここで指摘しておきたいことは、終結段階で無理にまとめないケースもあった方がよいということである。子どもの学びは必ず45分や50分で完結するものではない。無理に、教師がまとめようとすると、それまでの授業展開が台無しになる場合もある。「なぜだろう」という問いで終わる終結があっていいし、「わからない」として授業で発見されたさらなる課題を共有して終わってもいいだろう。その方が、次への授業への期待も膨らむし、授業外での子どもの探究心も高まる可能性がある。

2　授業原理

　山内は、子どもの学びを最大化させる授業として、**表1**のように「学びの楽しさ」の要素を五つ挙げ、それに対応した授業原理を掲げている。

　授業とは未知の世界との接合点であり、その最初の出会いの場面こそが子どもの学びを左右する。「出会いの楽しさ」は、いわば授業の「ツカミ」の重要性を物語っている。そこには、たとえば「すごい！」「なぜ？」「どうして？」という驚異に遭遇する仕掛けが必要である。「当事の楽しさ」は、自分がまるで課題発見や問題解決の「当事者」であるかのように思って学習活動を展開することである。いわゆる「他人ごと」でなく、「自分のこと」「私たちのこと」として課題に取り組む楽しさである。そこ

表1●「学びの楽しさ」と授業原理　(『学びを支える活動へ』より)

学びの楽しさ	授業原理
①　出会いの楽しさ	驚異に遭遇すること
②　当事の楽しさ	選択できること
③　対話の楽しさ	聴き合うこと
④　思考の楽しさ	負荷を感じること
⑤　達成の楽しさ	可視化すること

には、問題解決のための手段や学びのスタイルに選択肢があることが重要な原理となる。「対話の楽しさ」は、学び合う楽しさである。発見を共有したり、アイデアを出し合ったりするためには、なによりも聴き合う対人関係を築いていることが重要である。「思考の楽しさ」は、考える場面が用意されている授業である。簡単でも、難しすぎるのでもない、課題に適度な「負荷」が準備されていることが求められる。最後に、「達成の楽しさ」は、自らの成長を確認できる楽しさである。そのためには、自分の学習のプロセスや成果が、目に見える形となることが肝要である。

　実際に、「学びの楽しさ」のすべてを発生させるような授業は難しいかもしれない。だが、「授業づくり」に悩んだときは、この「学びの楽しさ」を一つでも二つでも組みいれてみることを行うといいかもしれない。

3　授業技術

(1) 指導言

　これまで授業展開や授業原理について見てきたが、さらに具体的な授業技術について見ていきたい。まず最初は、「指導言」についてである。教師が子どもに向かって発する言葉を「指導言」と呼ぶ。「指導言」の内容は、「発問」「説明」「指示」「助言」の四つになる。

　「発問」は、教師が子どもに問いかけることをいう。「質問」とは違い、教師が答えを子どもたちに教えてもらうために行うのではない。むしろ、答えを知った上での、問いである。もちろん、「〜って知ってる？」「〜って聞いたことがある？」というように、子どもたちがその知識をどれだけ知っているのか調べる場合もあるが、多くは子どもの思考に働きかけ、学習意欲を高めるために行われる。この思考に働きかける「発問」を行うためには、二つの発問形式がある。「閉じた問い」「開かれた問い」である。「閉じた問い」は、上の「〜って知ってる？」「〜って聞いたことがある？」の例のように、Yes か No で答えることができるもの。「開かれた問い」は、「なぜ〜は動いたんだろう？」「〜なのはどうしてだと思う？」というように、複数で多様な答えを誘発する問いである。教師はこの両者

を使い分ける必要があるが、子どもたちの思考を促すためには、洗練された効果的な「開かれた問い」を行うことが重要である。

「説明」とは、子どもの未知の内容などについて、教師が分かりやすく述べることである。「説明」には、①問題提示（教材の内容の提示）：学ぶべきものは何かを示すこと、②方法提示（教材の理解方法の提示）：どういう順序で、どういうふうに考えていけば分かるようになるのか、理解の仕方を述べること、③判断提示（教師の判断の提示）：何が正しいかを教える側が到達した結論を指し示すこと、この三つがあるとされている。

「指示」は授業の中で、子どもに行動や活動などを命じたり、要請したりすることをいう。「助言」は、子どもたちのさまざまな活動の深化・発展を図るために、役立ちそうな言葉をかけることである。その中には、励ましも含まれる。「指示」も「助言」も、教師の一方的な言葉がけに終わらないように、子どもが理解でき納得のいく表現を心がけていくことが求められる。

(2) 板書技術

「板書」とは、学習課題や学習のめあての提示、課題追求・思考の方法や作業手順の説明、学習内容の解説などのために、黒板や白板に文字や絵図などで提示することである。板書は、教師からの説明のためにだけあるのではなく、学習者の発言内容や学習者相互の話し合い活動を、整理して提示することにも活用できる。また、学習課題に対する学習者の考えや解答結果を、黒板やホワイトボードなどに発表させることもできる。また、授業の終わりにその時間の学習のまとめと、次時への課題の確認をするために板書を行うこともある。

以上のように板書はさまざまに活用される。板書の内容を種類別に分けると以下のようになる。

①教授内容の整理・説明・図解
②学習課題
③教材・データ・注釈

④学習活動（調べ学習や実験実習）の手順
⑤子どもの発言
⑥学習のプロセス・学習結果
⑦その他

（3）机間指導

　机間指導とは、授業中に子どもたちの机の間を巡って見て回り、学習につまづいている子どもや、よく理解できていない子どもに対して個別に指導したり、助言したりすることである。机間指導は、授業形態からみれば、2種類ある。
　① 一斉指導を軸に置くもの
　　　一斉授業を行いつつも、それでは対応が難しい個々の子どもの学習状況（理解力や到達度）の違いに応じた指導を行う。個性を伸ばしたり、授業についていけるようフォローしたりして、一斉授業の弱点を補う。
　② 個別学習を軸とするもの
　　　一人ひとりの個別学習を指導し、子どもからの質問に答えたり、課題解決のためのアドバイスを行う。

また、机間指導を回り方から見たときには、以下のようにも分類できる。
　① 全体的机間指導
　　　できるだけ全員（全班）を指導する場合と、特に指導が必要な子ども（班）を見つけ出すための場合がある。前者は、作文、調べ学習、実習といった個人的な作業にまとまった時間をかける状況において行われるケースが多い。後者は、問題状況を把握するために実施され、サンプル的に何人かの様子を観察しつつ、特に遅れそうな子を支援する。
　② 選択的机間指導
　　　日頃からつまずきがち、遅れがちで留意している子どもたちを個別指導する場合と、授業中に気になる子ども（班）を見つけたときに、

そばに寄り添って指導する場合がある。

おわりに

　本章では、「授業づくり」における「目標・ねらい」の要素、「デザイン」の要素、「実践」の要素について見てきた。「目標・ねらい」においては、「学習指導要領」を踏まえた目標確認と授業のねらいについて述べた。授業の「デザイン」においては、教材づくり・教材開発の重要性と学習指導案づくりについて触れ、学習指導案づくりを通じた自己対話と授業者の独自性を発揮した授業デザインの重要性について確認した。授業の「実践」においては、「授業展開」としての「導入」「展開」「終結」で留意すべき点、「学びの楽しさ」を引き出すための「授業原理」「指導言」「板書技術」「机間指導」といった「授業技術」について見てきた。子どもの学びを最大化させ、子どもが学習の当事者となっていくような授業を展開するためのヒントを得てもらえれば幸いである。

　本章内でも触れたが、授業は「ライブ」である。それは、やってみなければならない「賭け」でもある。とはいっても、なんの準備もない授業からは「ライブ」は生まれない。教師による入念な準備と子どもに応答する柔軟な実践があってこそ、子どもも教師も「授業」であることを忘れるような優れた「ライブ」が展開できるのである。

【文献一覧】
　　今野喜清・新井郁男・児島邦宏編『学校教育辞典〔新版〕』教育出版、2003年
　　佐藤学『教育の方法』(放送大学叢書)左右社、2010年
　　柴田義松・山﨑準二編『教育の方法と技術』(教育学のポイント・シリーズ)
　　　　学文社、2005年
　　田中耕治編『よくわかる授業論』ミネルヴァ書房、2007年
　　藤岡信勝『教材づくりの発想』日本書籍、1991年

文部科学省『小学校学習指導要領』2008年
山内紀幸「『学びの楽しさ』の舞台作り：出会い／当事者／対話／思考／達成」田中智志編著『学びを支える活動へ：存在論の深みから』東信堂、2010年、pp.177-193

第7章

授業のデザイン

三浦和美

はじめに

　近年、団塊世代の大量退職時代を迎え、経験豊富なベテラン教師が退職する一方で、経験の少ない若い教員の採用が増加し、教育現場で積み重ねられた教育技術の継承が課題となっている。また、授業時数の増加による教育現場の多忙化や生徒指導・保護者対応の困難さも指摘され、教師に求められる資質・能力はますます高くなっていると考える。

　こうした課題を抱える教育現場を目前にして、教師を目指す学生はどのようにして教育現場で通用する資質・能力、特に、授業力を身につけたらよいかを学ぶ必要があると考える。

　そのため、ここでは教職課程で各教科の指導法または教材研究といった講義科目で取り扱う内容を想定し、教育実習や実際の教育現場で応用可能となるよう年間指導計画の作成・学習指導案の種類とその作成の手順について具体的に論じることを目的とする。

　長年、社会科授業実践を続けている有田和正（1935-）は、授業に最低限必要な技術として、(1)発問・指示、(2)板書、(3)資料活用、(4)話し合い、(5)話術・表情・パフォーマンスなどの五つを挙げている。

　そして「授業で最も大切なことは、『これだけは何としても教えたい』という内容を教材研究によって『鮮明につかむ』ことである」と述べている（『有田和正の授業力アップ入門』pp.24-309）。

　有田の指摘によれば、教育現場で授業を行うためには、これら五つの授業技術を駆使しながら授業をデザインしていくことになる。それでは「これだけは何としても教えたい」ということはどのようにしてつかむか、また、その教えたい内容をどう学習指導案に表現するのかについて、本章で考えていくこととする。

　なお、本書を手にしている教職課程の学生は、幼稚園・小学校・中学校・高等学校の教員免許取得のため学んでいると考えられるが、ここでは「小学校」を中心に述べるが、それぞれの校種にも応用可能な基本的な事項を扱うこととした。

第1節　年間指導計画作成と学習指導案作成

1　年間指導計画の作成

　日々の授業は1年間の年間指導計画の中で、学校行事・学年行事や教科との関連を図りながら行われるものである。そのため、年度初めに取り組むことは年間指導計画作成である。**表1**に実際に作成・実践された年間指導計画を紹介する。1年間の見通しを持って日々の授業の進め方を考えていくことが重要である。

2　授業のデザインとしての学習指導案

　前項に示した年間指導計画があって学習指導を開始する。その際学習指導案の作成が重要となる。学習指導案とは教師がどのように授業を進めていくかを記載した学習指導の計画書である。これは教師が授業を行う事前に書かれるものであり、実際の授業においてもこの流れを基に授業が進められる。学習指導案は授業のデザインを具体化したものである。

　学習指導案には学習指導案略案と、学習指導案細案の2種類がある。学習指導案略案は主に単発で行われる授業や、教育実習の実践授業の初期段階で作成される。また、学習指導案細案は略案より詳細な内容になり、校内研究の研究授業や、教育実習の研究授業などで作成される場合が多い。

3　教職課程における学習指導案作成の意義

　小野らは、「学ぶ楽しさは、自らが楽しくなければ伝わらない。そのために教材研究を通して自らが学ぶ楽しさを再確認する必要がある」と述べている（『教師を目指す人のための教育方法・技術論』p.31）。教職課程において学習指導案を作成する意義はここにある。そのプロセスの中で授業を構想する楽しさ、授業の資料や教材を準備する楽しさ、また、その難しさを味わうことを通して学生の成長が促進されると考える。

年間指導計画

第4学年○組

学校行事	4 事業参観・懇談1年生を迎える会	5 家庭訪問	6 野外活動	7 学芸会	8・9	10 1学期終業式 2学期始業式 休業日	11 持久走大会	12 参観・懇談	1 書きぞめ展	2 授業参観	3 卒業式 修了式 六年生を送る会
算数	大きな数のしくみ	円と球	割り算の筆算	折れ線グラフ整理のしかた	分数	割り算の筆算	筆算②	角の大きさ	がい数の表し方計算のきまり	面積の測り方と表し方	変わり方算へ
国語	三つのお願い手紙を書く	かなことばの力春のうた	新聞記者になろう	白いぼうし本は友だち	伝えるということ	一つの花文と文のつながり	ナップときつねつたえる	調べたことを知らせよう	話し合って決めよう	言葉っておもしろいな	ごんぎつね
社会	地図の見方	伝統工業	ごみの始末	本社どこから	郷土をひらく	手拓地の見学	わたしたちの県	平地のくらし	県の広がり	音楽園のパンフレットをつくろう	一年のまとめ
総合	3年振り返り4年生学習概観	野外活動	施設訪問		夏休み報告会		人に関わる仕事	施設訪問	まとめよう	立志式	一年のまとめ
理科	あたたかくなると	電気のはたらき	暑くなると	月の動きと夏の星	星の動き	すずしくなると	ものあたたかさと温度	水のすがたとゆくえ	楽しくなると冬の星	ものあたたまりかた	一年のまとめ
音楽	春の風さくらさくら	日本の音楽にしたしもう	歌と楽器とひびき	いきをあわせよう	音のちがいを感じ取ろう	ふしのとくちょう	音を感じて歌おう	曲の気分を感じ取ろう	音を関連合って楽くなると	てあわせよう	生き生きと歌おう
図工	色と形でもよう遊び	ダンボールでワンダーランド	なんでもぼうけん	きらきら光のゴー	工作用	すごろくランドで遊ぼう	直線と曲線	工作用のもの	色あいろいろ	わたしだけのなかま	作品のまとめ
体育	監督・行進	ハードル	跳び箱	水泳	水泳・リズム運動リレー	走り高跳び	マット運動	なわとび	なわとび	ソフトバレーボール	保健
学活	学年開き、学級づくり	野外活動にむけて学準備をしよう	学芸会を成功させよう	夏休みの計画を立てよう	運動会を成功させよう	けやきまつりをもりあげよう		冬休みの計画を立てよう	新年のめあて	六年生を送る会を成功させよう	一年の反省をしよう

表1●年間計画指導計画（第4学年）（筆者作成）

第2節　学習指導案略案の作成

1　学習指導案略案に含まれる項目

　学習指導案略案に含まれる項目は、小単元（大単元を構成する小単元のこと）名・本時のねらい・指導過程・評価規準・板書の5項目である。略案であるため通常1～2ページで作成されることが多い。また、項目は学校種・教科などによって違いがあるため、作成前に確認されたい。

2　学習指導案略案作成の手順

「社会科の指導法」では次の七つの段階で、学習指導案略案作成を行った。
(1)　授業を行ってみたい単元を教科書から選ぶ。
(2)　選択した単元に対応する学習指導要領を確認する。
(3)　教材を分析する。用語や内容について調べることで授業の構想がしやすくなる。また、教える内容で分からないことがないようにする。
(4)　本時の目標を設定する。指導要領や教科書を分析して本時は何を児童に教えるかを明確にする。
(5)　本時の内容（導入・展開・まとめ）を決める。学習内容への児童の反応を予想して記入することで授業の見通しを持つことができる。
(6)　本時の評価項目と方法を決める。
(7)　板書計画を立てる。

3　学習指導案略案の実際

　次ページに教職課程2年生が「社会科の指導法」の講義で作成した学習指導案略案を示している**（図1）**。選択した単元は第5学年「自然災害を防ぐ」である。自然災害の多いわが国において、自然災害の種類やその被害の様子を知ることで、どのように自然災害を防ぐのかを考える内容になっている。また、地図や新聞の活用をとり入れていくことが大切である。

図1●教職課程2年生が作成した学習指導案略案

第5学年　社会科学習指導案（略案）

日　時　○○年○月○日(月)2限
場　所　○○教室
授業者　学籍番号　　　氏　名

1　小単元名　自然災害を防ぐ
2　本時のねらい　我が国の自然災害について資料から読み取ったことを白地図や年表に整理することができる。（観点　技能）
3　指導過程　本時の指導(1/4)

段階	学習内容と予想される児童の反応（・）	◎教師の支援　・資料 □評価（評価方法）
導入 15分	1. 自然災害の写真を見て話し合う。 ・地震や津波などがある。 ・台風による大雨や洪水被害もあるよ。 ・大雪、土砂災害、噴火などもあると思います。 2. 黒板に示した写真をもとに自然災害がどのような様子か考える。 ・津波では道路に船が乗り上げているよ。 ・台風では水が家の中にまで入ることもあるよ。	◎児童が発表した自然災害の写真を黒板に貼る。 ・自然災害の各種写真 （大雪・大雨・土砂災害・噴火洪水・津波など）
展開 20分	学習問題　我が国で発生した自然災害を年表にまとめ、白地図に表そう 3. 自然災害の種類と名称の年表をノートにまとめる。 ・地震・噴火・台風・大雪になる。 ・今年の3月11日にも大きい地震があったよ。 ・東日本大震災と言うんだ。 4. 地図帳を活用し自然災害がそれぞれどの地域で発生しているか調べ、白地図にまとめる。 ・地図帳を使うとどこが何県なのかわかるね。 ・災害は日本のどこかに集中しているという訳ではないんだね。 ・洪水や津波は沿岸部に集中している。 ・大雪は雪のふる東日本や北日本に集中している。 ・まとめたことを発表する。	◎P.102の図を参考につくるよう促す。 ◎当時の新聞記事があれば提示する。 ◎地図帳の索引の仕方ができているか机間指導する。 ・白地図×4(A4判) 【技能】 我が国の自然災害について資料から読み取ったことを白地図や年表に整理できる （グループワーク、作品）

	5. 白地図にまとめたことを発表する。 ・日本って自然災害が多いと思います。 ・こんなに災害が多いのに日本は大丈夫なのかなと思いました。 ・自然災害はどのくらいの頻度で起きているのかと思いました。	◎白地図を黒板にはり、災害マップを完成させる。 ◎グループで完成させた地図をもとに発表させる。 ◎自然災害を色ごとに分けさせる。 ・色ペン
まとめ 10分	6. 今日の学習から疑問に思うことを書く。 ・日本は自然災害が多いのはなぜだろう。 ・どのようにして防いでいるのだろうか？	◎自然災害の多さから、その被害の防止について関心を高め、調べることを話し合って学習問題をつくる準備につなげる。

4 評価

観点	A（十分満足できる）	B（概ね満足できる）	C（支援を要する）
技能	資料に記されていることを白地図や年表に表すことができ、さらに気づいたことを書きこむなどの工夫をしている。	資料に記されていることを白地図や年表に表すことができる。	資料を読み取り白地図や年表に整理できるように個別に声をかけ促す。

5 板書計画

日付　自然災害を防ぐ　　　　　　　　　　　　　災害の発生した場所を記した
　　　　　　　　　　　　　　　　　　　　　　　災害マップ

我が国ではどのような自然災害が発生しているでしょうか？

自然災害年表
地震
噴火
台風・洪水
大雪

自然災害の写真

第3節 学習指導案細案の作成

教育実習では最終週に教育実習生の研究授業が実施されるため、教育実習実施前には学習指導案細案作成も体験することが望まれる。

1 学習指導案細案に含まれる項目

学習指導案細案に含まれる項目は、小単元名・小単元の目標・評価規準・単元について・指導計画・本時の指導の6項目である。細案は詳細に授業計画が書かれるため略案より分量は多くなる。

2 学習指導案細案作成の手順

「社会科教材研究」では次の七つの段階で、学習指導案細案作成を行った。
(1) 授業を行ってみたい小単元を教科書から選ぶ。
(2) 選択した小単元に対応する学習指導要領を確認する。
(3) 教材を分析する。用語や内容について調べることで授業の構想がしやすくなる。また、教える内容で分からないことがないようにする。
(4) 「単元について」を書く。ここでは、この教材（教材観）をどんな実態の児童に（児童観）どのように教えたいか（指導観）の三つに即してまとめる。教職課程では児童の実態を明確に表現することは難しいと考えられるが、児童の様子を想定しながら書くことを勧める。
(5) 全体計画を立てる。小単元の時数分の指導計画を立て、本時が全体の中でどこに位置するのかを明確にする。このことは細案の特徴となる点である。
(6) 本時の内容については、前節学習指導案略案の作成と同じである。

3 学習指導案細案の実際

次ページに教職課程2年生が「社会科教材研究」の講義で作成した学習指導案細案を示す (**図2**)。選択した単元は第3学年「店ではたらく人」で

図2●教職課程2年生が作成した学習指導案細案

第3学年　社会科学習指導案（細案）

日時：○○年○月○日(曜日)○時間目
場所：○○教室
指導者：学籍番号　　氏　　名

1　小単元名　「店ではたらく人」
2　小単元の目標
　わたしたちの生活を支えている地域の販売や消費生活の様子について興味をもって調べ，働いている人々の工夫を考えることができるようにする。
3　評価規準
【社会的事象への関心・意欲・態度】地域の人々の販売の様子に関心をもち，意欲的に調べ，地域の人々の販売の仕事がわたしたちのくらしとどのようにかかわっているかを考えようとする。
【社会的な思考・判断・表現】調べ活動などから地域の人々の販売のさまざまな工夫，店の人の願いや努力について知り，それらについて考えたことなどを，グラフや地図などを活用しながら適切に表現することができる。
【観察・資料活用の技能】店内での販売の様子を観察したり，お店の人などから話を聞いたり活動を行い，地域の人々の販売の様子について調べ，その内容を模造紙などにまとめることができる。
【社会的事象についての知識・理解】地域の人々の販売の様子を知り，お店の人が行っている工夫や努力について理解することができる。
4　単元について
　本単元は学習指導要領第3学年の内容(2)のア「地域には生産や販売に関する仕事があり，それらは自分たちの生活を支えていること」及びイ「地域の人々の生産や販売に見られる仕事の特色及び国内の他地域などとのかかわり」を受けて設定された。
　本学級は，男子18名，女子17名，計35名である。直前の単元である「もっと知りたいみんなのまち」におけるまち探検の活動では，地域を散策していく中で「ここに一人で買い物に来たことある」「このお店の店員さんはすごく優しい」などと，自分の住む地域のお店について興味を示したり，振り返ったりしている様子が見られた。休み時間や給食時間などに買い物の経験について話す機会を設けると，買い物を楽しいと考えていたり，近々買い物に行く予定を話していたりする様子が見られ，買い物に対する児童の関心は十分にあると考える。しかし，「安売りセール」など店の工夫についてはまだ考えられないため，店や販売の仕事に携わる人々の工夫を取り上げる必要があると考える。
　そこで，本単元では，自分たちが住んでいる地域の販売の様子に関心をもち，販売に関する仕事と自分の生活とのかかわりや販売との仕事の特色や他地域とのつながりを調べることを通して，販売の仕事に携わっている人々の工夫について考えることができるようにすることをねらいとしている。そこで本単元では，店の工夫を調べる活動を充実させることで，児童の考える活動をよりスムーズに行えるようにしたいと考える。

5　指導計画（14時間扱い）

段階	◇主な学習内容【評価の観点】（評価方法）
導入(5) 第1時	◇地域の店について知り、家の人の買い物の様子を調べる意欲を持つ。【関心・意欲・態度】自分の家の買い物の様子に関心を持ち、買い物調べに意欲を持っている。（発言ノート）
第2時	◇買い物調べの結果を、地図やグラフにまとめるようにする。【技能】買い物調べの結果を地図やグラフを使って、分かりやすくまとめている。（作品・発言）
第3時	買い物調べから分かったことを話し合う。【思考・判断・表現】自分たちでまとめたものを、適切に表現している。（発表・作品）
第4時 （本時）	◇それぞれの店のよさを確かめる。 【思考・判断・表現】それぞれの店のよさについて話し合い、自分の考えを表現している。（発言・ノート）
第5時	◇学習課題の設定や、それについての予想を立てる。◇見学のマナーを知る。【思考・判断・表現】スーパーマーケットの様子や工夫を予想し、自分の学習課題を考えている。（ノート・発言）
展開(6) 第6時・ 第7時	◇スーパーマーケットを見学し、必要な情報を集める。【技能】店での観察やインタビューなどによって販売の様子を調べ、見学ノートにまとめている。（発言・見学ノート）
第8時	◇見学で分かったことを、絵や地図を使ってまとめる。【技能】見学して分かったことや、考えたことを分かりやすくまとめている。（作品・発言）
第9時	まとめたことを話し合い、店の販売の工夫を知る。【知識・理解】店で働く人の様子や、品物がどこから来るかなどを理解している。（話し合い・ノート）
第10時	◇家の人の買い物の様子を振り返り、環境や健康などの視点から気をつけていることを考える。【思考・判断・表現】家の人たちが上手に買い物をするための方法を考えている。（発表・ノート）
第11時	◇自分の買い物の様子を振り返り、環境や健康などの視点から気をつけたいことを考える。【関心・意欲・態度】今までの自分の買い物の仕方を振り返り、これからの買い物の仕方を考えようとする。
まとめ(3) 第12時	◇調べてきたことから心に残った工夫を選び、チラシを製作する。【関心・意欲・態度】見学などから調べたことを振り返り、心に残った工夫を選ぼうとしている。
第13時	【技能】チラシに書きたい工夫を選び、分かりやすくまとめている。
第14時	◇作ったチラシを発表し、感想を伝え合う。【思考・判断・表現】作ったチラシを使って発表すると共に、発表を聞いてどのように考えたかを表現することができる。

6　本時の指導（前節学習指導案略案作成手順に同じ。ここでは省略）

ある。普段、何気なく店で買い物をしている児童にとって、買い物調べを行うことで身近な学区にある店の様子を手掛かりにして、地域の販売の様子に関心を持たせる手立てを取っている。

第4節 模擬授業の実践とその意義

1 模擬授業を実践する意義

近年、授業力のある教員を求める観点から、教員採用試験において模擬授業の課題を課す教育委員会が増えている。そのため、学習指導案を作成した学生に対して、学習指導案の内容を実際に実践する機会を与えることで授業力育成を図ることが期待できる。

野口（1936-）によれば、「模擬授業とは①時間が短い②大人を相手に授業をする③教え方の勉強である」（『模擬授業・場面指導』p.34）という。教職課程の講義では実際の児童・生徒を前にして授業を行うことは難しいため、こうした手法が使われることが多い。

2 模擬授業の実践プラン

3名を1グループとし、1人が授業者となり、残りの2名が児童役となって授業を受ける。模擬授業の時間は10分間とする。大人数の講義でもこの場の設定をすれば同時に模擬授業実践は可能である（**図3**）。

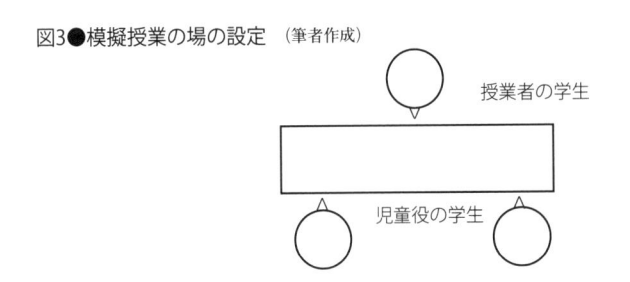

図3●模擬授業の場の設定 （筆者作成）

授業者の学生

児童役の学生

学習指導案を作成した後に模擬授業を体験することにより、授業のデザインについて実感を持って学ぶことができると考える。また、授業後に児童役学生から授業の良い点や改善点の指摘を受けることで、よりよい授業を目指そうとする姿勢を育てることができると考える。

おわりに

　いじめ・不登校・自殺・学級崩壊など、多くの課題が山積する教育現場が話題にならない日はない。こうした教育現場で教師となって授業を続けていくことは容易なことではないと推察される。現在教職課程に在籍する学生には、今後より多くの資質と能力が求められていくことだろう。

　しかし、教師の命は授業であるといわれるように、教師にとって日々の授業を行うことこそが最も重要なことである。本章「授業のデザイン」では、教職課程に学ぶ学生が、将来教師となって行う授業のための基本的な事項について述べてきた。これらを発展させ、自分の理想とする授業を追い求めていくのは、本書を学んでいる学生一人ひとりである。授業の面白さや楽しさは、実際に学級担任となって児童・生徒に出会ったときに感じることだろう。教職課程在籍の期間には、授業のデザインの基礎・基本を学び、自分らしい授業実践の礎を築いてほしい。

【文献一覧】

　　有田和正『有田和正の授業力アップ入門:授業がうまくなる十二章』(若い教師に贈るこの一冊 1) 明治図書出版、2005年

　　大木光夫『分かる授業ができる学習指導案のつくり方』(教育ジャーナル選書) 学習研究社、2008年

　　尾木直樹『「学級崩壊」をどうみるか』(NHKブックス) 日本放送出版協会、1999年

　　小野賢太郎・小柳和喜雄・平井尊士・宮本浩治 編著『教師を目指す人のための教育方法・技術論』学芸図書、2012年

田村知子編著『実践・カリキュラムマネジメント』ぎょうせい、2011年
野口芳宏『模擬授業・場面指導〔2013年度版〕』(教員採用試験αシリーズ391)一ツ橋書店、2011年
藤枝静正『教育実習学の基礎理論研究』風間書房、2001年
文部科学省『小学校学習指導要領解説：社会編』東洋館出版社、2008年
安田女子大学児童教育学科編著『小学校・幼稚園教育実習の手引き〔改訂版〕』渓水社、2010年
山崎英則・北川明・佐藤隆編『教育実習ガイダンス』東信堂、2003年

第8章

協同する授業

高橋英児

はじめに

最近、「学び合う」「聴き合う」「伝え合う」など「〜し合う」というキーワードで、授業の中で子どもたちが相互にかかわり合い、一緒に活動していくような授業をどうつくるか、ということが話題になっている。こうした授業では、一人ひとりの子どもが、学習主体として授業に参加していく授業のあり方を追求しており、その際に、子どもたちが互いに協力しながら進める学習活動、いいかえれば、授業の中で、子どもたちが「きょうどう」（共同、協同、協働）する活動を重視し、積極的に位置づけている。

このような子どもたちが「きょうどう」する活動を重視する授業は、決して新しい授業スタイルではない。わが国の実践を振り返っても、大正時代からその原型とされるものはあったし、戦後も、日本独自の教育方法として、またアメリカをはじめとする諸外国の理論などを吸収しながら、現在、さまざまな名称で実践されてきている。ここでは、こうした「協同する授業」の共通する特徴について、考えていきたい。

第1節　協同する授業とは何か

1　協同する授業のイメージ

みなさんは「協同する授業」というと、どのような授業をイメージするだろうか？　**表1**は、協同学習に取り組んでいる研究者が作成した、協同を妨げる学級と協同する学級の特徴を示した表である。この表は、協同する授業に共通する特徴をうまく示している。これを参考に、協同する授業の特徴として三つの点を挙げてみよう。

第1は、授業において、学習者の主体的な活動を重視している点である。つまり、教師が知識を伝達しそれを学習者が個別的に学ぶような教師主導の授業ではなく、学習者同士のコミュニケーションや対話などのある協同

表1●学級での協同　（『先生のためのアイデアブック』より）

協同を妨げる学級	協同的な学級
印刷物を見なさい（プリントに書いてある指示に従いなさい）。	クラスメートから学んだり、彼らを助けたり、考えや教材を分かち合うために、クラスメートが何をしているかを見なさい。
隣の人と話してはいけません。	意見の交換や討論をしたり、説明や提案や質問をしたりするために、隣の人と話しなさい。
自分のことだけをして、他の人のことはその人にさせなさい。	別々にすることの合計より一緒にする活動の方がいいものになるように、他の人と一緒に活動しなさい。
もし助けが必要なら先生に聞きなさい。	もし助けが必要なら、先生に聞く前にまずグループメンバーや他のクラスメートに聞きなさい。
競争して先生の注目をあびなさい。	グループメンバーの誰もがグループ代表として発表する機会を作りなさい。
外発的なご褒美（例：成績）のために競争しなさい。	外発的なご褒美だけでなく、互いの成長のために協力しなさい。

学習（cooperative Learning, collaborative Learning）を重視した学習者主体の授業であるということができる。したがって、教師の説明を黙って聞いてノートに写すだけの授業や、教師が出した課題に一人で黙々と取り組むような授業は、協同する授業とは言えない。

　第2は、第1ともかかわるが、学習を一人ですること（個別的活動）ではなく、みんなですること（集団的活動）ととらえており、みんなで一緒に取り組むことで、一人ですること以上の成果を得られると考えている点である。そのため、意見交換や討論、教え合い、学び合いなどの学習者が相互にかかわりながら、一緒に取り組む活動が授業では重要な位置を占めている。たとえば、学級全体、グループ・チーム・班、ペアなどで取り組む話し合い活動（意見交換、対話、討議、討論など）、調査・実験活動、制作・表現活動などの活動形態が挙げられる。したがって、プロジェクト形式で取り組まれる授業だけでなく、一斉授業形式であっても、こうした活動がしっかりと位置づけられているのであれば、協同する授業であると言

えるだろう。

　第3は、競争する関係ではなく、協力し合う関係を重視している点である。協同する授業では、子どもたちが協同すること自体に価値を置いており、「協同」は学習方法ではなく、授業の原理として考えられる傾向がある。そのため、学習の目的は、他者より優れた成果を出すことではなく、他者と共に優れた成果を挙げること、それぞれのよりよい成長を引き出すことを重視している。授業では、一人ひとりが対等な関係にあり、それぞれの成長を支え合う存在として位置づけられており、一人ひとりが学習に責任を持って、平等に参加していくことが求められる。

2　協同する授業を成り立たせている「協同」の関係

　上述の内容は、主に、協同する授業の授業形式と学習形態から見た特徴とそれを支える基本思想を説明したものである。しかし、協同する授業は、こうした授業形式と学習形態の面からだけではなく、そこでどのような関係が築かれているのかといった関係面からもとらえられる必要がある（**表2**）。なぜなら、外見上は子どもたちが活発に協同活動を行っていても、実質的には協同する関係となっていないようなケースも多くあるからであ

表2●協同する授業の特徴　（筆者作成）

授業観	教師主導の伝達型の授業ではなく、学習者同士のコミュニケーションと対話のある協同学習を重視した学習者主体の授業
学習観	学習は、一人ですること（個別的活動）ではなく、みんなですること（集団的活動） 学習は、他者より優れた成果を出すことではなく、他者と共に優れた成果をあげること、それぞれのよりよい成長を引き出すこと
学習者の関係	競争的・対立的な関係ではなく、協同的・互恵的な関係
授業形式	一斉授業での集団思考、グループ・チーム・班活動、ペア活動 プロジェクト形式の授業
活動の種類	話し合い活動（意見交換、対話、討論、討議など）、調査・実験活動、製作・表現活動など

る。そもそも「協同する授業」でいう「協同」とはどういう関係をいうのだろうか。

「協同」という関係には、「目的協同」と「対人協同」という側面があるといわれている（『競争と協同：その教育的調和をめざして』）。この「目的協同」とは、ある目的・目標の実現のために何かを一緒にする関係であるのに対し、「対人協同」とは、こうした目的・目標のあるなしにかかわらず、一緒に何かをすること自体に意味が置かれる関係である。両者の違いは、前者を食事を共にする者という言葉を由来とする「仲間」(mate)の関係、後者を愛する者という言葉を由来とする「友達」(friend)の関係と対応させて考えると想像しやすいだろう。

また、対人協同的な関係が目的協同的な関係の発展を支えたり、逆に目的協同的な関係が対人協同的な関係の発展を支えたりしており、「目的協同」と「対人協同」の双方の側面がかかわり合いながら、協同する関係が発展していくことにも注目する必要がある。

このような協同の関係の質的な違いに注目すると、協同する授業は、学習者同士が親密な関係でなくても行うことが可能であること、また親密な関係が手がかりとなることもあることが分かるだろう。重要なのは、協同する授業では、共通の課題に向けて協力し合う仲間関係と親密な友達関係の二つの「協同」関係が支えとなって展開されるだけでなく、これら二つの「協同」関係が授業を通して育てるべき関係としても位置づけられているという点である。

第2節　協同する授業の利点と課題

では、協同する授業にはどのような利点と課題があるのだろうか。それをまとめたのが**表3**である。この表に基にして、協同する授業の利点と課題について考えてみよう。

表3 ●協同する授業の利点と課題　（筆者作成）

	協同する授業の利点	協同する授業の課題
学習への参加	子ども―子どもの相互行為が重視されているので、教師主導型の授業のように子どもが受け身にならず、主体的な授業への参加を引き出しやすい。	外見上は子どもたちが主体的に活動しているように見えるが、内部では、参加する子どもと参加しない子どもに分かれてしまうこともある。
学習意欲・態度	周りとの関係が支えとなるので、学習意欲が高まったり、学習に対する責任感を自覚したり、協調的な学習態度を身につけたりすることができる。	周囲との関係によっては、かえって学習意欲を失ったり、望ましくない非協力的な学習態度を身につけたり、学習に対する責任を自覚できなかったりすることもある。
学習内容の理解・学習効果	多様な視点や意見に対する気づきや発見を通して思考や理解が深まり、一人で学べること以上のことを学ぶことができる。	多様な視点や意見に対する気づきや発見が位置づけられない場合には、理解や認識が一人で学べることよりも深まらないこともある。
他者理解・人間関係	一緒に学んでいる仲間・他者に対する理解が深まり、多様性や異質性を大事にした対等な関係が築ける。	「できる子」が「できない子」に教えるというような、一方的な非対称な関係と相手の見方を固定してしまうこともある。

1　協同する授業の利点

　協同する授業の利点は、まず第1に、学習への参加、学習意欲・態度にかかわる利点である。教師が一方的に語るだけの授業に比べると、協同する授業では、子どもたちが相互にかかわり合いながら、協力して取り組む活動が位置づけられている。このような子どもの活動の重視は、子どもたちの主体的な授業参加を引き出す点で高い効果がある。

　また、協同で学習に取り組むという関係が、子どもたちの学習意欲や学習態度にも良い影響を与える。これは、他の人に勝つこと・負けないことが学習の動機となるような競争的な学習と比べてみれば容易に想像できるだろう。協同的な授業では、他の人に負けないように、落ちこぼれないようにと不安に駆られて学ぶのではなく、目標に向かって互いに励まし合い、互いの成長を支え合う関係をよりどころにした安心の中で学んでいるから

である。「分からない」と安心して言え、その声に周囲が応答してくれたり、間違いやつまずきを大切にして一緒に考えてくれたりするような教室では、分からない・できない子どもも積極的に授業に参加しようとするし、そうした積極的な参加が、分からない・できない子どもだけでなく周囲の子どもたちにとっても、より深い学習の契機を生み出すのである。

　第2の利点は、子ども―子どもの相互関係・相互行為を通して、一人で学べること以上の成長や発達を引き出すという点にある。これは、他者からの支援や共同（協同）的活動が子どもの発達可能性を引き出すこと、対話的なコミュニケーションが子どもの思考などの内面的な活動に大きな影響を与えることを示したヴィゴツキー（Vygotsky, Lev Semenovich　1896-1934）の「発達の最近接領域」の理論によっても説明されている。このヴィゴツキーの理論は、協同する授業の理論的根拠として挙げられることも多い。

　この一人で学べること以上の内容は、学習内容に対する理解だけにとどまらない。たとえば、ある子どもが「ごんぎつね」の内容を「つまらない」とつぶやいたことがきっかけになって、その子どもと共に周囲の子どもたちが、「なぜ、『つまらない』といったのか」を考えた国語の授業があった。子どもたちは、その子どもが自分の友だち経験から人と人とが分かり合うことの大切さを感じており、ごんと兵十のように分かり合えないまま悲劇的に物語が終わることを許せないと訴えていたことを発見した。そして、その発見を通して、子どもたちが物語のテーマについて改めて深く考え、自分たちの生活について深く考えていった（『子どもとつくる対話の教育』）。

　このように、一人で学べること以上の内容には、学習内容に対する理解をさらに深めるような、学んでいる者同士の相互理解の深化と関係の発展の促進の側面も含まれている。その意味では、学力の獲得以上の意義が協同する授業にはあると言える。

2 協同する授業の課題

　このように、協同する授業は、大変意味のある授業形式である。しかし、子どもたちが協同する活動を形式的に導入すれば、そのまま協同する授業になると考えてはならない。

　なぜなら、子どもたちが築いている人間関係がそのまま授業に持ち込まれ、協同する活動にも反映されることが往々にしてあるからである。その結果、学習意欲や態度、学習内容の理解、他者理解・他者関係などに望ましくない影響を及ぼすこともある。グループをつくって活動しても、協同し学習に取り組めないことは多くある。そのため、協同する活動にふさわしいような協同する関係を指導することが必要となる。

　したがって、こうした協同する関係の指導と共に協同する活動の指導が構想されなければならない。その際、協同する活動がどのような意味があるのか、なぜ行うのかということを子どもたちが理解し、実感できるように指導していくことが必要である。一人でできてしまうような簡単すぎる課題に取り組む活動などのように、一緒に取り組む目的や意義が分からないような活動であったり、ただ正解の答えを早く得るための活動であれば、子どもたちは、協同して取り組むよりも、早く結論だけを教えてもらったり、一人でやっていたりした方が早いと思うのではないだろうか。協同する活動を進めていく過程では、他の子どもたちの多様な視点や意見から多くのことを学び取り、協同すること自体がお互いの成長にとって意味があることを一人ひとりが実感できるように配慮していく必要があるだろう。

　このように、協同する授業は、教師が一方的に子どもに教え込むような授業でもなく、子どもの主体的な活動に任せて（介入しないで）教師は指導しない授業でもない。また、教師が学ばせたいことを効率よく早く到達させるような、結果を重視した授業でもない。協同する授業は、子どもたちが共に学んでいく過程を重視する授業であり、子どもの主体的な活動を引き出すような教師の指導を常に必要とする授業である。次に、こうした協同する授業をつくるための具体的な課題を検討してみよう。

第3節 協同する授業づくりのために

1 授業と授業外の指導

　協同する授業づくりを考える際に、まず注意しなければならないのは、授業での協同する関係は、授業外の日常生活での関係とも密接にかかわり合っているという点である。たとえば、いじめや仲間はずれが繰り返されるような学級で、安心して自分の意見を言ったり、相手の意見に耳を真剣に傾けるようなことが授業で可能となるかを考えてみよう。

　したがって、教科指導と教科外活動の指導において、①協同する学習活動を支えるような、一人ひとりが安心できる関係（「対人協同」）を学級の中で育てていくこと（居場所づくりや学級づくり）、②目的・目標を共有し合い、それを実現していくために力を合わせて活動していく関係（「目的協同」）を育むのに最適な学習と活動を行うこと（教科・教科外の学びの構想）、の二つを関連づけた指導構想が必要となるだろう**（表4）**。

表4●協同する授業づくりのための授業と授業外の指導の視点　（筆者作成）

授　業	課題を共同で追求し、深め合う関係 －伝え合う関係／聴き合う関係／学び合う関係	**＜授業の問い直し＞** ・自分の考えや意見を伝え合う活動を大切にする授業 －伝達型から対話型へ、知の共同探求
	↕　共同・協同的な活動の中で関係が育つ	
授業外	互いを認め大切にし合う関係 －差異（異質）が大事にされる関係	**＜日常的な関係づくり＞** ・一人ひとりが大切にされる、認められるような日常の関係づくり －仲間・集団づくり、自治的活動

2 協同する授業づくりの視点

　協同する授業は、既に述べたように、子どもたちが協同する活動をただ授業に導入すればよいというわけではない。少なくとも、協同するような授業が可能となるような学習環境の構築、授業内容の構想、授業過程の指導の三つの視点から考えていく必要がある。

（1）協同する授業のための学習環境のデザイン

　フィンランドやドイツなどの学校を訪問して驚くのは、協同的な活動のために教室環境のデザインが工夫されている点である。どの教室でも、二人がけの机で子どもたちが隣同士交流しながら課題に取り組んでいたり、4名から5名で机をテーブル型に配置した状態で各自の活動やグループ活動に取り組んでいたり、コの字型などに配置された机で全体で意見交換をしていたり、ときには、机を周りに移動させ、教室の真ん中に椅子だけを持ち寄って輪になって話し合いをする光景なども目にすることがある。授業の中で、子どもたちが一体感を感じながら、自然に交流が生まれるように、また、子どもたちがペアで活動したり、グループで活動したり、全体で交流がしやすいように、机の配置が工夫されているのである。

　また、教室の壁側には、沢山の本や資料が置かれていたり、パソコン

ドイツのある小学校

コーナー、ちょっとした休憩ができるソファーが置かれていることもあり、子どもたちは課題に取り組むときに、そうしたコーナーに自由に移動して取り組んでいる。

このように、協同する授業にはそれにふさわしい学習環境があり、教室の机の配置（ペア、グループ、全体）なども協同する活動を支える重要な要素となっている。

(2) 協同することに意味があるような課題・問いの重要性
～学習内容・テーマの設定

協同する授業づくりにおいて最も重要な課題は、子どもたちがその実現に向けて力を合わせていけるような、協同することの意味が見えるような学習課題・テーマをどう設定するか、という点である。これは、第2節で述べた協同する活動の指導にかかわるものである。特に、多様な意見が引き出され、それらの意見が対立したりぶつかり合うような問いは、子どもたちのより活発な思考や学習への参加を引き出し、内容について一人で分かる以上の深い理解を引き出すだけでなく、子どもたちの相互理解と関係を深め、協同で学ぶことの意味や大切さを実感させるものとなる。このような問いをつくる視点として、二つ挙げたい。

一つは、多様な考え方や意見を引き出すような問いを位置づけることである。このような問いは、子どもたちの間に対立・分化・矛盾を生みだすことで、彼らの知的好奇心や探求心を刺激し、活発な思考活動を促す。だが、これは何も難しく考える必要はない。子どもの授業中のつぶやき（素朴な疑問）や、つまずきや間違いを手がかりにしながら、「なぜ（そうなるのか）」を共に考え合うことで可能になるからである。たとえば、筆算の仕方や面積の公式も、なぜそのようにするのかを子どもたちに討論させる算数の授業では、塾などで先に学んで分かっている子どもが、分からない子どもの声を受けて、その意味を分かり直しするようなケースもある。このような授業では、分からない子も、分かる子も、分かり直しと発見がある授業となっている（『こどもといっしょに たのしくさんすう』）。

もう一つは、子どもの生活から発せられる「声」を重要な「問い」として位置づけることである。たとえば、暴力的な行為を繰り返す子どもの「どうして、キレるのか、勉強したいよ」という声に応える形で、「あなたがたは平和的に生きられますか」という一連の学習を構想した教師は、子どもたちの切実な問い（不安や心配事）や子どもたちの文化（アニメなど）を手がかりにした授業を多く構想している（『子どもとつくる対話の教育』）。

　子どもたちが生きている現実生活の中から発する「声」には、彼らが現在そして未来を生きていくことにかかわる重要な内容が含まれており、学びへの切実な要求が含まれている。重要なのは、そうした一人ひとりの切実な要求は、多くの子どもたちが共通に直面していたり、協同して取り組んだりしなければならない課題を含んでおり、協同の学びへと発展する契機となることが多い。

(3) 授業過程の指導～学び合う関係・集団を育てる

　授業過程の指導においては、協同する関係を育てることが重要となる。特に、子どもたちそれぞれのものの見方や考え方を尊重し合い、学び合う関係を高めていくことが求められる。具体的には、たとえば、子どもが安心して「分からない」が言えるような場に授業をしていくことや、子どもたちの意見をつなげたり、かかわらせたりしていくような指導などが考えられる。また、なかなか声を発せられない子どもや、声を聴き取られない子ども（軽度発達障害の子どもなども含む）と子ども集団との関係づくりが重要になるだろう。

　また、こうした指導と関連させながら、授業の規律・ルールの指導を展開していく必要もある。この点に関しては、たとえば、学習集団の指導理論と実践なども参考になるだろう。

おわりに

　以上、協同する授業について概観してきた。協同する授業は、教師と子ども、子どもと子どもとが対話的なコミュニケーションを通して、共に真

理を探究し（学校で教えられる知そのものの問い直しを含む）、共に生きる世界をひろげていけるような授業、すなわち、意味と関係を編み直す「学び」のある授業を追求するものとなっている。協同する授業づくりは、子どもにとっても教師にとっても意味ある学びとなるような授業をどうつくるか、という問いと共に構想されていく必要があるだろう。

【文献一覧】

岩垣攝・子安潤・久田敏彦『教室で教えるということ』八千代出版、2010年

ヴィゴツキー，L. S.（土井捷三他訳）『「発達の最近接領域」の理論：教授・学習過程における子どもの発達』三学出版、2003年

大西忠治『授業と学習集団の理論』〔第6巻〕（授業と学習集団の理論）明治図書出版、1991年

片岡徳雄・南本長穂『競争と協同：その教育的調和をめざして』（黎明選書1）黎明書房、1979年

佐藤学『学びの快楽：ダイアローグへ』世織書房、1999年

佐藤学『学校の挑戦：学びの共同体を創る』小学館、2006年

柴田義松『批判的思考力を育てる：授業と学習集団の実践』日本標準、2006年

柴田義松『ヴィゴツキー入門』（寺子屋新書）子どもの未来社、2006年

ジョージ，G. M. 他（関田一彦監訳）『先生のためのアイディアブック：協同学習の基本原則とテクニック』日本協同教育学会、2005年

杉江修治『協同学習入門：基本の理解と51の工夫』ナカニシヤ出版、2011年

鈴木和夫『子どもとつくる対話の教育：生活指導と授業』山吹書店、2005年

全生研常任委員会『子ども集団づくり入門：学級・学校が変わる』明治図書出版、2005年

吉本均『授業と学習集団』（学級の教育力を生かす吉本均著作選集1）明治図書出版、2006年

渡辺恵津子『こどもといっしょにたのしくさんすう：考える力を育てる学習法』〔小学4-6年〕一声社、2003年

第9章 プロジェクト活動の展開

上田敏丈

はじめに

近年、「プロジェクト活動」「プロジェクト・アプローチ」「プロジェクト型学習」「総合的な学習の時間」「プロジェクト・ゼロ」など、幼稚園から大学まで幅広い教育実践の中で「プロジェクト」を中心としたものが数多くある。本章では、このプロジェクト活動に焦点をあて、これがどのようなものなのか、また、どのように展開していけばいいのかを見ていこう。

プロジェクトとは何か。たとえば、小学校学習指導要領には、総合的な学習の時間の目標として、「横断的・総合的な学習や探究的な学習を通して、自ら課題を見つけ、自ら学び、自ら考え、主体的に判断し、よりよく問題を解決する資質や能力を育成するとともに、学び方やものの考え方を身につけ、問題の解決や探究活動に主体的、創造的、協同的に取り組む態度を育て、自己の生き方を考えることができるようにする」(『小学校学習指導要領』p.110)ことが挙げられている。また、「教育的に意味のある活動や経験を、学習者の自発性に基づく計画として学習者自身が企画・実行し、その過程において必要な知識・技能の獲得を図る教育方法」(『教育用語辞典』p.468)と説明されている。

つまりプロジェクトとは、教科の枠組みを超え、児童・生徒が受け身的に学習するのではなく、自らの主体性を持って活動し、探究していくものであると言えよう。では、このような活動はいつごろから始まったのだろうか。第1節ではプロジェクト活動の歴史を取り扱う。

第1節　プロジェクト活動の歴史

1　プロジェクトの始まり

プロジェクト(Project)という言葉が教育用語として使用され始めたのは、1901(明治34)年にアメリカのホレース・マン・スクールの実践にお

いてであった。だが、教育の世界でプロジェクトを最も普及させたのは、1918（大正7）年に発表されたキルパトリック（Kilpatrick, William. Heard 1871-1965）の「プロジェクト・メソッド」である。この論文はその後出版され、日本においても古典的名著として取り扱われている。

2 キルパトリックの思想

キルパトリックは、デューイ（Dewey, John 1895-1952）を生涯の師と仰ぎ、彼の経験主義を受け、展開したものがプロジェクト・メソッドである。彼はデューイの思想に基づき、子どもの学びの過程を理論化しようとした。彼は「教育は生活である（Education is life.）」という理念の下、「目的ある行為をもって教育の基本原則とすることは、全く教育の過程を価値ある生活に一致させることにほかならないのである。その時、教育の過程と価値ある生活の二者は一体となるのである」と述べ、従来の教科分断的な学習ではなく、子どもの内発性に則しつつ、社会化の過程の中でそれを実現しようとしていた。そのための方法がプロジェクトを用いることであった。キルパトリックの定義によると、プロジェクトとは「ある目的を有する経験単元すなわち目的ある活動の中に存在する意欲的な目的意識が、行動の目的を設定し、その過程に指針を与え、行動への動因やその内部動機を与える目的ある活動である」（『プロジェクト法』p.72）という。

そして、プロジェクトは、目的を設定し、知的に計画し、よりよく実行することを学び、自分の行動の結果から学ぶという、目的、計画、遂行、判断という4段階で行われていくことを述べている。たとえば、その一例として彼は女児のドレス作りを取り上げている。

このようなプロジェクト活動を通して、キルパトリックは「なす事によってなす事を学ぶ（Learning to do by doing）」ことを目指していたと言えるだろう。

3 海外におけるプロジェクト活動

このようなキルパトリックが展開していったプロジェクト活動であるが、

現在の教育課程にどのような形で取り込まれているのか。プロジェクトはさまざまな国で実践されているが、まずはアメリカの実践を見ていこう。中でも、ここでは「プロジェクト・アプローチ」に着目したい。

プロジェクト・アプローチとは、カッツとシルビアによって、提唱されたプログラムであり、幼稚園から小学校まで幅広く利用されている。カッツたちは、イタリアの幼児教育実践であるレッジョ・エミリアに大きく影響を受けながら、それをアメリカの教育文化に取り込んでいくために「プロジェクト」という活動を用いた。

彼女たちは、プロジェクトの最も特徴的なことが「調べること」にあり、継続的に活動が展開することとしている。そして、子どもたちが好きな遊びだけを行うのでもなく、また、体系的な教授学習だけでもなく、その間を埋める活動として位置づけている。

プロジェクト・アプローチでは、大きく三つの段階に分かれている。第1段階として、保育者・教師の事前準備と子どもへの導入が行われる。プロジェクトのトピックとして、子どもたちに親しみやすく、展開可能性のあるものを選ぶ。特に事前準備として、重要なものが「トピック・ウェブ」と呼ばれるものである。これは、プロジェクトのトピックから連想されるワードを数多く抽出し、分類、整理する方法である(図)。なぜこのような準備が必要なのだろうか。なぜなら、子どもの活動は必ずしも保育者・教師の想定通りに進むわけではない。プロジェクトのような子どもの自発性に依拠した活動では、思っても見ない方向へ進むことが多々ある。そのとき、あるトピックからどれぐらいの展開の方向性があり、活動の広がりがあるのかを事前に想定することができれば、実施段階において困ることはないだろう。トピック・ウエッブとは、事前に保育者・教師が子どもの活動の可能性をイメージしておくためのツールなのである。もちろん、それだけではなく、実際の道具の準備や地域との交流が想定される場合は、下調べなども十分に行っておく必要がある。

このように、事前準備を済ませたら、子どもたちにプロジェクトを導入する。絵本や映像、実物を用いるなどして、子どもの興味・関心を引き立

図●トピック・ウエッブの例（霜柱トピック）　（筆者作成）

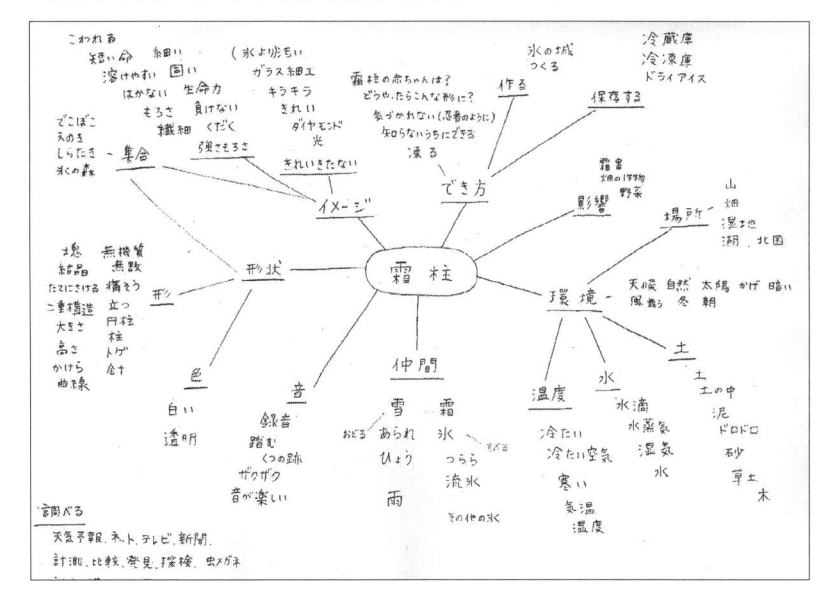

て、トピックに子どもたちが主体的にかかわれるような雰囲気をつくっていく。

　第2段階は、フィールドワークである。プロジェクト・アプローチでは、プロジェクトの段階として、実際に観察や見学、インタビューといったフィールドワークを行うことが推奨される。たとえば、スーパーマーケットのプロジェクトでは、学校近くのスーパーへ行き、「マネージャーに従業員の数や大変な業務は何か」などを尋ねることが行われている。

　この段階では、誰に何を聞くのか、また、どこへどのようにして行くのかといった活動の内容を保育者・教師の援助の下で子どもたち自身で話し合い、考え、決定している。同時に、保育者・教師は地域のスーパーや、あるいは保護者に関係者がいたら、プロジェクトへの協力を依頼するなどの働きかけを行う。

　第3段階は、プロジェクトを終わらせていくことである。フィールド

ワークで得た情報をもとに、子どもたちはプロジェクトをまとめていく活動を行う。スーパーのプロジェクトでは、子どもたちはカートやレジスターをデッサンしたり、写真に撮ったりしてクラスに持ち帰っていた。その後、そのデッサンや写真を元にカートやレジスターを製作し、クラス全体でスーパーマーケットごっこへと展開していく。このときには、隣のクラスや園・学校全体を巻き込んでの活動へと結びついてくることもある。こうして、あるトピックのプロジェクトは終局を迎えるが、そのプロジェクトから新たなプロジェクトへつながっていくことも考えられる。

　このように実践されたプロジェクトはその段階ごとに保育者・教師によって、さまざまな媒体で記録され、実践過程が分かるようにまとめられる。

　以上がプロジェクト・アプローチの概要である。このカリキュラムは、どのような学校や園、クラスでも使用できるように、段階を明示し、具体的な方略を構成している点において、日本でプロジェクトを行っていく上でも有益な示唆となるだろう。

4　日本におけるプロジェクト型カリキュラムの系譜

（1）戦前のプロジェクト活動

　さて、次に日本でプロジェクト活動がどのように取り組まれてきたのかを見ていくが、このようなプロジェクト活動は、目新しい教育課程ではない。これまでにも、幾度となく、本邦のカリキュラムへ組み込まれてきたものである。

　キルパトリックのプロジェクト・メソッドは戦前の日本においてすでに紹介されていた。大正新教育運動の中で、複数の研究者がプロジェクト・メソッドを導入し、実践している。詳しくは後述するが、たとえば、東京女子高等師範学校附属小学校や奈良女子高等師範学校附属小学校での実践などが挙げられよう。また、東京女子高等師範学校附属幼稚園では、アメリカからやってきた人形のメリーとマリーを中心として、人形のお家を作っていくプロジェクトが展開していた。

このように、戦前、広がりを見せたプロジェクト活動であったが、戦時下になるにしたがって衰退せざるを得なかった。

(2) 戦後の教育課程の中で

　戦後、教育基本法、学校教育法が1947（昭和22）年に公布され、学習指導要領が学校での教育課程を規定していくものとなっていった。この学習指導要領を見ていくと、大きく2回、プロジェクト活動のような経験的な教育課程が行われていたことが分かる。

　最初は、戦後すぐの1947（昭和22）年に実施された学習指導要領に示された「初期社会科」において、問題解決型の学習が目指されていた。ここでは「民主主義社会の有為な一員としての能力や態度」を形成するために、「日常生活で直面する切実な問題」を取り上げて「自分自身の目的と必要とによって自主的に社会生活を究明する」学習活動が取り入れられていた。たとえば、小学校3年生の「福岡駅」（後述）や「農家のくらし」といった実践例が挙げられよう。

　しかし、このような経験主義的な活動は、指導性が低い、学習経験が深まらない、基礎的な知識の習得・概念形成がなされないなど、いわゆる「はいまわる経験主義」と批判され、その後の学習指導要領においては、プロジェクトに基づく問題解決型の学習はなくなり、系統的学習を中心としたものへと移行していった。

　その後、日本の学習指導要領では、いわゆる系統主義的な教育課程が続くが、1970年代後半から、非行やいじめ、不登校といった教育問題がクローズアップされ、日本経済もバブルが崩壊した中で、子どもの「荒れ」や「落ちこぼれ」に対応する形で誕生したのが、今日の「ゆとり教育」である。

　いわゆる「ゆとり教育」は1998（平成10）年の学習指導要領の改訂が中心であった。そこでは、「総合的な学習の時間」、学校完全週5日制への実施、教科書の精選などの取り組みが行われていた。いわば従来の詰め込み教育への批判から、基礎基本を精選し、問題解決学習、プロジェクト学習

を行うことで、自主性や創造力の高い子ども像を目指したのだが、この改定がその後の学力低下をめぐる言説の中で、強く批判され、結果として、2003（平成15）年には一部改訂された。これはこれまでの学習指導要領がほぼ10年をサイクルとして改訂されてきたことを考えれば、異例の事態であったと言えよう。

第2節　プロジェクト活動実践例

　次に本節では、実際のプロジェクト活動がどのように行われているのか紹介していこう。総合的な学習の時間については、数多くの実践事例が書籍やホームページ、ブログなどで紹介されているので、ここでは、少しなじみのない古典的なプロジェクト活動や、大学でのプロジェクト活動について紹介する。

1　幼稚園～人形のお家づくり（1930年代）

　幼稚園にアメリカから人形がやってきた。メリーとマリーという姉妹だ。保育者は子どもたちに人形を見せ、「これからはみんなでよく遊んであげましょうね。それから不自由なものを男の方も、女の方も、みんなでつくってあげましょうね」と投げかける。子どもたちは「布団」「机」と細かいものを口々に言い始める。保育者は子どもたちに「先生はね、このお人形さんたちのお家を、こしらえてあげたいの」と投げかける。子どもたちは賛成し、みんなでお人形の家を作り始めた。

　保育者は、人形の家が子どもたちの家としても遊べるように心がけていた。そこで、木の枠組みから作り始め、子どもたちといっしょに測ったり、切ったりと自分たちでのこぎりやかんなを使うことができるようになった。床、窓、天井と作り、色を塗り、壁紙を貼り、カーテンをつけ、カーペットをひき、と展開していった。最後には、バルコニーや家具、庭…と、2学期、3学期と活動は続いていった。

2　小学校3年生〜社会科「福岡駅」(1954年)

　富山県福岡町での実践である。この授業では、鉄道を教材として自分の地域と他の地域との結びつき、鉄道の開通による地域の、暮らしの変化について学習することが目的であった。

　駅を見学に行くことが予定されていたその前の時間では、どんな人が働いているのかが話し合いになった。駅長、キップを売る人など一通り出てきた後、ある子が「地下足袋を履いているものがいる（筆者注：土木作業員のこと）」と言う。先生は「地下足袋を履いている人も、立派な人間です」と出かかる言葉を飲み込んだ。

　実際に駅を見学した後、鉄道が開通したことで便利になったことを図書館の本で地図を調べたり、身近な人からインタビューをしながら、鉄道が地域で果たす役割を理解した。最後に教師が「汽車を動かす人は誰だろう」と問いかけると、子どもたちは口々に「あの係も大事、この人も大事」といい、やがて「みんな大事だ」となった。このようにして、さまざまな役割の人々がいることで、生活が成り立っていること、身なりによって、職業の貴賎が決まるのではないことを学んだ（『日本の戦後教育とデューイ』）。

3　大学生〜保育者養成系大学 (2010年)

　プロジェクト型学習（Project Based Learning）は、近年、大学においても頻繁に取り入れられている。少人数型の授業形態をとる教科目であれば、さまざまな大学で取り入れることが可能となる。以下は、ある保育者養成校で行われていたプロジェクトである。

　保育者となっていくためには、ただ単に講義を聴くだけではなく、自身が主体的に計画し、活動を構成するスキルが必要になる。そこで「総合演習」の講義の中で、子育て支援に資する計画を立てることにした。そのためには、まず学生が小グループになり、どのような活動を行うのかをディスカッションし、決定していく。

あるグループは、「不思議を体験する」というテーマを設定し、マジックやジャグリングの練習、どのように見せれば子どもたちにとって効果的であるのかを何度も検討した。

　12月、大学で行われている子育て支援のサークルにおいて、それらを発表し、その後反省会を行った。

第3節　プロジェクト活動をどのように行うのか

　本節では、実際にプロジェクトを進めていく上でのポイントを簡潔にまとめておきたい。実際にプロジェクトを行う際には、子どもたちの自主性を重視し、必ずしも教師が思うところへ進むものではない。だが、プロジェクト活動を展開していく上で、陥りがちなポイントを知っておいた方がよいだろう。

1　何をテーマとすべきか

　プロジェクトではどのようなものを選べばよいだろうか。第1に、当然ながら子どもの興味・関心に従うことである。プロジェクトは、幅広い年齢層に適用可能であるが、その子どもたちがどのような事に関心を持っているのかをとらえておく必要がある。第2に、そのテーマがどれくらい掘り下げられるのかという展開の可能性である。図書館や地域、保護者といった社会的資源がどのように活用可能かどうかを調べておくことで展開可能性は掘り下げられ、新しい発見がありそうかどうかなども理解できる。これらは、重要なポイントになるだろう。

　したがって、どのようなプロジェクトを取り上げるかは、教師がどれぐらい事前に準備できるかが大きな比重を占めている。先に紹介したトピック・ウエッブなどを活用して、プロジェクトの展開可能性を想定しておく必要があるだろう。

2 プロジェクトの展開におけるポイント

　プロジェクト活動を展開していく中で、当初、意識の高かった子どもたちも、特に幼児や小学校低学年であれば、プロジェクトに対する意欲が減退していくことがある。したがって、教師は、子どもたちの興味・関心を高め、持続するようなしかけが重要である。たとえば、写真やDVDを使い、普段見慣れているものを違う角度で見る機会を設けたり、自分たちのこれまでの話し合いを振り返るような手立てが考えられる。

　また、プロジェクトが進む中で話し合いは重要な活動であるが、その際に、提案したり、意見を述べたりする雰囲気づくりも大事である。

おわりに

　プロジェクト活動、特に総合的な学習の時間は、ゆとり教育の象徴として取り扱われ、それを批判していく矢面に立たされることがある。確かにプロジェクト活動を上手く展開していくことは、難しいだろう。1998（平成10）年の学習指導要領の改訂で導入された総合的な学習の時間が十分機能していないと考えるならば、それは苅谷が指摘するように「全ての教師に、ある日を境に一斉にやらせようと思ったことが、とても難しかった」（『欲ばり過ぎるニッポンの教育』p.63）からであろう。

　プロジェクト活動は、子どもたちを自由にさせ、好き勝手にする活動ではない。これをいかに水路づけ、子どもたちの思考が深まり、これまでとは違う発見を行い、自らの経験に位置づけられるようにするのかが、教師にとって最も肝要なのである。

【文献一覧】

　キルパトリック, W. H.（市村尚久訳）『プロジェクト法』明玄書房、1967年
　苅谷剛彦・増田ユリヤ『欲ばり過ぎるニッポンの教育』（講談社現代新書）講談社、2006年

杉浦宏編『日本の戦後教育とデューイ』(Sekaishiso seminar) 世界思想社、1998年

文部科学省『小学校学習指導要領』東京書籍、2008年

山﨑英則・片山宗二編集委員代表『教育用語辞典』ミネルヴァ書房、2003年

チャード,S.C.、カッツ,L.G.(奥野正義訳)『子どもの心といきいきとかかわりあう：プロジェクト・アプローチ』光生館、2004年

第10章

教育評価の理論

北川　明

はじめに

　本章では教育課程の評価理論を、まず「教育評価」成立の事情をアメリカの教育界から見てみたい。その考察を前提にして、評価理論の歴史的諸形態を検討し、諸評価行為から浮上してくるその本質を考究する。そのために、本章を以下の4節で構成する。第1節で「教育評価」の歴史的成立事情について言及する。第2節では、教育評価論の祖型である「絶対評価」の明治期教育での様態を学籍簿との関連から探求する。第3節では戦後教育の潮流の中で登場してきた「相対評価」論を、学習指導要領と指導要録を参照しつつ絶対評価論との比較で考察する。第4節で今日の指導要録が目指している「目標に準拠した評価」論を、到達度評価を深化させるものとして把握する。

第1節　「教育評価」の成立事情

1　「メジャメント」

　まず「相対評価」の思想的基盤となったアメリカにおける「メジャメント（教育測定）」運動の成立過程をたどりたい。当時のアメリカはそれまでの孤立主義（モンロー主義）を抜け出て、第1次世界大戦（1914〜1918年）に遅れて参戦し、その後の戦後復興需要の結果、経済的繁栄を遂げ「法人資本主義の進行と階級・階層の移動と分裂、東欧系を中心とする新移民の激増、学歴社会の展開」（『教育評価』p.16）という時代を迎えた。その中で、経済界からの要請という形で市民・労働者の人材育成とその配分という役割が教育界に求められることとなった。

　それに応えるものが、近代国家を特徴づける身分、血統、門地など（属性社会を構成するもの）を問わないで、職業選択と階級・階層の上昇移動を自由ならしめる「テスト法」が「メジャメント」運動から産み出される。

この運動は、田中耕治によれば、以下の二つの系譜から構成される。

2 アチーブメント・テスト

　ヨーロッパでは、物理学を筆頭に自然諸科学の勃興による「科学革命」（17世紀）を経て、実証主義、客観主義、科学主義が勢いを増すこととなった。自然諸科学の研究の手法は、仮説を立てて観察・観測、測定・測量、実験などを経る論証・証明のプロセスを構成する。この潮流の実証主義精神が、人文科学、社会科学にまで及び、我々の教育学にもその科学化の動向が生まれた。こうしてソーンダイク（Thorndike, Edward Lee. 1874-1949）の有名な主張である、量として存在するものの「測定」可能性の問題が、教育の世界にも出現する。

　その結果、誕生したのがアチーブメント・テスト（学力テスト）をより客観的なものにするために開発された「標準テスト（standardized achievement test)」である。これは標本集団で得られた集団標準と照合して、検査結果を解釈するテストといわれ、母集団の規模が大数の場合での子どもの位置を測るには有効であるとされた。ソーンダイクの衣鉢を継ぐ弟子たちによる算数の標準テストなどが、代表的なものとされる。

　こうして、それらは現在でも多用されている客観テスト（再生法・再認法、完成法、真偽法、多肢選択法など）の形式で今日に及び、そこでは「正確さ」と「早さ」が評価される。

3 精神検査法

　「メジャメント」運動を支えた別の系統は、アメリカの心理学者ターマン（Terman, Lewis Madison 1877-1956）を代表的として開発された「精神検査法（mental testing）」である。彼はドイツの解剖学者・生理学者であるガル（Gall, Franz Joseph 1758-1828）が創始した「骨相学」で主張された大脳機能局在説に触発されて、人間の個人差に興味を持ったという。骨相学は頭蓋骨の外形から各人の内的な才能や気質を正確に推論できるとするもので、この着想からターマンは精神検査法に至った。各人の個人差への

着目は、すぐれて近代社会の個人主義が産出したものでもある。

　今日、各種の心理テストの総称である「メンタル・テスト」は、1890（明治23）年にキャッテル（Cattel, James McKeen　1860-1944）が単純で基礎的な精神能力（記憶力など）測定のための10項目を定めたものに命名したことによる。精神検査法はこのメンタル・テストの影響を経て、ターマンが作成したスタンフォード＝ビネテスト（ビネ＝シモン知能検査のアメリカ版）で完成の域に達したといわれる。ターマンはビネ＝シモンの知能検査法（知能水準の発達的事実に注目し、正常児を標準として知能の程度を年齢尺度で表す方法）にIQ（精神年齢÷暦年齢×100）を導入すると共に、知能分布は「正規分布」するという考えも取り入れた。その結果、「正規分布」するように作成された知能テストが、科学性や客観性を保証すると理解されることになった。

4　「エバリュエーション」へ

　上述の「メジャメント」運動の最盛期であった1920年代にそのパラダイムに対して、本質主義者（essentialist）として有名なバグリー（Bagley, William C.　1874-1946）、他方では進歩主義者（progressivist）を代表するデューイ（Dewey, John　1895-1952）の両者から、批判が展開された。前者は「メジャメント」運動がはらむ社会ダーウィニズム（社会進化の原理を生存競争に求める）の生得的知能説を批判し、知能テスト・測定の宿命論的解釈を問題にした。後者は「メジャメント」運動が言う「個人差」を、標準化による量的分類に過ぎないとし、かつその運動の図式である「存在→量→測定」を現状のものを肯定する保守的理論だと批判した。

　こうした批判の中から、タイラー（Tyler, Ralph W.　1902-1994）によって「エバリュエーション（日本で戦後期の教育界で「教育評価」と訳された）」論が提案されるに至った。彼はオハイオ州立大学での学生へのインタビューから、「事実」「情報」の暗記・想起を求める試験が学習に与える効果を、教育的価値の実現に向かって統制しようとする問題意識で、「メジャメント」を「エバリュエーション」へとパラダイム転換させた。

第2節 絶対評価

1 「学制」下の「試験」制度

　明治維新（1868年）を遂行したわが国は近代国家建設を目指して、欧米の近代的な諸制度の移植・導入に踏み切り、1872（明治5）年に総合法令である「学制」を公布して、欧米の近代的な学校制度を取り入れた。

　その中で政府は寺子屋を小学校に衣替えして、何とか初等教育を国民（江戸時代は庶民は領民）に普及しようとした。こうした明治初期の小学校は上等・下等（それぞれ8級）で構成され、上級に進級するには春・秋の「試験」（「中試験」「定期試験」と呼ばれた）を受けて、初めて進級できたといわれる。小学生たちは等級に応じた学業内容を試験において試され、その等級を終えたと「認定」されて初めて進級できた。このように編成された学科課程（第2次大戦後に教育課程）の編成を行うものは「等級制」と呼ばれた。

　当時の試験会場を長野県教育史から引証している資料（『教育評価』p.194）によれば、口頭試問（第一試験場）では生徒1人に対面して1人の教師席があり、サイドには2人の教員席と参観者1席、別サイドに官員席と世話掛が各1席、塗盤（黒板と思われる）と反対側（生徒の背後）に参観人3席が設営されている。筆記試験（第二試験場）の会場も、生徒の人数が多くなるなど要員と人員に変化が見られるが、上記とほぼ同様である。

　この会場の配置からも推察されるが、現場教師は補佐役であり「中試験」問題の選択・採択は師範学校教員などが中心であったといわれる。さらに注目される事態は、上記のような立会人や参観者（学区取締や戸長などの権官）などの多くの注視の中で行われた「比較試験」であろう。そこでは、各小学校で選抜された成績優秀児によって、学校対抗の競争がなされ、その成績は公表され、成績優秀者には褒賞が与えられたという。しかも、実学的知識の記憶や暗唱を問う暗記主義であった。

2 「小学校令」下の「考査」

　明治政府は1879（明治12）年9月に「自由教育令」を公布し、「学制」の基本であった学区制を廃止して、町村に小学校を設置させるようにした（中央集権化の緩和）。さらに教員巡回制度を認めたり、小学校の修学年限を短縮して、最低16カ月とするなどして、教育の普及を図った。

　しかし政府は翌年（1880年）「改正教育令」を出して「全国ノ教育事務ハ文部卿之ヲ統攝ス」として、中央集権を強化した。1886（明治19）年には初代文相の森有礼の下、勅令で帝国大学令、師範学校令、中学校令そして小学校令が発令され、戦前期教育制度の骨格がつくられた。そして、1890（明治23）年には「教育ニ関スル勅語」（教育勅語）を発令し、忠孝の精神の養成を説いた。

　こうした情勢の中で、1900（明治33）年の第三次小学校令で「試験」ではなくて、平生の成績「考査」により進学・卒業の判定が下され、同時に「考査」の結果を記述する「学籍簿」の様式が全国的に統一されることとなった。平生の成績の「考査」であるから、学外の権官の下での「試験」から現場教師に教育評価の主体が移ったということである。また、前後して教科書の採択制が初期の「自由発行自由採択制」から、「開申制」（1881〈明治14〉年）、「検定制」（1886〈明治19〉年）を経て、「国定制」（1904〈明治37〉年）に定められ、教育内容への国家統制が強化された。

3　戦前期「絶対評価」の基本構造

　教科書の採択制度の中で「国定制」への道が開かれたが、その国策的変更は、必然的に教育内容の性格の変更にまで及んでいる。それは明治初期の洋学（実用的知識）中心から、儒学・儒教道徳への重点移動・復古と端的に言うことができる。

　仁義忠孝を始めとした儒教道徳は、儒学の五倫・五常に源泉を求めることができるが、こうした徳育（道徳教育）の強調は、1879（明治12）年の「教学聖旨」で示されていた。この徳育、いわゆる修身教育に関しては、

1880（明治13）年の「改正教育令」で修身科が読書、習字、算術などの教科を差し置いて筆頭教科に位置づけられた。翌年の1881（明治14）年の「小学校教則綱領」の修身科では「初等科ニ於テハ主トシテ簡易ノ格言、事実等ニ就キ…児童ノ特性ヲ涵養スヘシ又兼テ作法ヲ授ケンコトヲ要ス」とあった。そして、1890（明治23）年の「教育勅語」での忠孝の精神の養成で、修身教育はその絶頂期を迎えたと言えよう。

　この修身教育の流れを受けて、教科書「国定制」の中で、道徳的行為・習慣を意味する「操行」が「査定」される、つまり「操行査定」が行われることとなった。こうして、児童の「操行査定」を重視した教員が「考査」を日常的に行う中で「人物・品格第一、学力第二」（教育観）という教員の主観的な教育評価が定着していった。このように教員が学業成績の評価（当時は甲乙丙丁の評定であった）より、「操行査定」が優先されることによって、教員の印象や勘といった独断的な主観性が児童の成績を決定するような評価のあり方が「絶対評価」と呼ばれる。

　上述のように、「考査」は児童の学業成績だけでなく行為・習慣・態度まで評価するという、児童の「全面認識」の理念とは違って、「絶対評価」になってしまったのである。その理由として、若林身歌は以下の3点を挙げている（『よくわかる教育評価』p.17）。

①「臣民」の育成を課題としたなかで、教師は国家の絶対的な権威に裏打ちされ「絶対者」となった。
②「考査」の評定（甲乙丙丁）が具体的な方法や明確な評価規準を持たなかった。
③評価の規準が「〜の態度を養う」のような「方向目標」であり、教師の評価を助けるものでなかった。

　最終的に、戦前型「絶対評価」の典型と指摘されているのが、1941（昭和16）年の「国民学校令」（皇国民の基礎的錬成が目的）が勅令として出されて改訂された「学籍簿」である。そこでの「成績評定」に関する国民教

育局長の通牒(通知)は、「成績評定」の「評語」に「相対評価」の影響が見られることへの批判と、今次改訂の趣旨を「絶対評価」の徹底にあるとした。

第3節　相対評価

1　戦後教育改革

戦後の教育界では、1947(昭和22)年の「教育基本法」をはじめ、民主的な教育諸法令が公布・施行された(法律・法令主義)。こうした戦後の教育改革は、1971(昭和46)年の中央教育審議会(略称:中教審)の答申のなかで「第二の教育改革」と呼ばれ、そのスローガンは「民主化」ということであった。

この教育の民主化の中で、これまでカリキュラムが「学科・教科課程」と訳されていたものが「教育課程」と訳出され、また上述したようにアメリカでの「メジャメント」運動に対して主張された「エバリュエーション」が、「教育評価」と訳出され本格的に登場する。また、戦前型「絶対評価」の弊害が明確に認識され、これに対するものとして「相対評価」が取り入れられた。

2　相対評価

相対評価は別名「集団準拠評価」とも呼ばれるが、教育評価論では絶対評価と並び、その両極の一極をなしている。絶対評価の特徴である、①絶対性(教員の)、②主観性、恣意性(評価規準の)に対して相対評価は、①相対性(集団のなかでの一人の児童の位置)、②客観性、信頼性、をその特徴として対比できる。

相対評価の特質は、ドイツの天文・数学・物理学者ガウス(Gauss, K. F. 1777-1855)が天文観測から発見した「正規分布曲線(ガウス曲線)」を規準

に、その配分率により児童・生徒の成績（評点）を割り出すところにある。戦後の1950（昭和25）年に、かつての「学籍簿」から「指導要録」となった、その「評定」欄で「五段階相対評価」が行われた。そこでは、児童・生徒の成績上位7％が「5」、次の24％が「4」、その次の38％が「3」、次の24％が「2」、最後の7％が「1」と評定される。

　相対評価は、このように「正規分布」を規準にして、ある集団（学級とか学年全員）内での児童・生徒の成績上の序列や位置を明確にしようとする「教育評価」論の一つである。この方法は評価規準を、教員の判断とは違ったものにすることで、相対性・客観性・信頼性を手中にできたかのように見られた。しかし、それらの相対評価の特質も、次第に疑問視されるようになる。

3　個人内評価

　「個人内評価」というのは、評価規準を一人ひとりの児童・生徒の側において、その児童・生徒を継続的・全体的視点で評価する評価論である。この特質を挙げれば、児童・生徒の「学習についての所見」欄で評定する際に、学習過程でのその児童なりの進展のありさまを丁寧に見ようとする点にある。

　戦前型「絶対評価」に対する批判と反省から、戦後の教育界に登場してきた評価論が相対評価と個人内評価である。前者が絶対評価の特徴である主観性と恣意性を問題とするのに対して、後者はその絶対性を問うものである。個人内評価は、絶対評価の評価者である教員の国家の権威をバック（具体的には国定教科書）にした、その絶対性に大いなる疑問を投げかける。

　個人内評価が戦後の指導要録で採用された時期は、1948（昭和28）年版指導要録での「学習上とくに必要と思われる事項」「全体についての指導の経過」欄からであり、相対評価が明確に登場した1955（昭和30）年版指導要録の「所見」欄においてである。相対評価が児童・生徒の学習結果をある集団の中に相対的に位置づけ、序列化し、場合によっては、たとえば、50ぐらいまでの教科の得点と氏名を公表するといった非情さを示すもので

あった。これに対して、個人内評価は、「所見」欄において、児童の学習プロセスをきめ細かく見定め記述するものであり、児童・生徒の個人性を尊重する。

　このように個人内評価は相対評価の選抜機能が持つ酷薄さに対して、「個人の尊厳」をおもんぱかる温情さを示すものである。また個人内評価は、相対評価を側面から支えるという機能を果たした。両者のこうした相互関係が、評価研究者から戦後日本の教育評価を進めた「二重構造」と規定されている。

第4節　目標に準拠した評価

1　到達度評価

　戦後、「絶対評価」の特徴であるその絶対性、主観性と恣意性を克服するものとして登場した「相対評価」は、経済界からの要請でもあった教育政策（全国中学校一斉学力テスト〈1961～1964年〉）としてのマンパワー・ポリシー（人的能力開発政策）に応える形で機能した。しかし、1969（昭和44）年の有名な「通信簿事件」（テレビのワイドショーで取り上げられた投書をきっかけに「相対評価」の問題性が社会的に問われた）を契機に、教育評価の観点からその問題点が厳しく問われることとなった。

　田中耕治によれば、「相対評価」への批判が4点にわたって指摘されている（『教育評価』pp.47-48）。

　　①　非教育的評価論であること（評点「1」の児童を前提）
　　②　「勉強とは勝ち負け」とする学習観（排他的な競争の常態化）を醸成
　　③　学力の実態を反映しない（受験学力の弊害）
　　④　学業不振を児童の責任に転化

以上の諸点である。こうして、「到達度評価」が1970年代の半ばごろか

ら「目標に準拠した評価」の歴史的形態として生誕する。

「到達度評価」の特質に関しても、続けて田中耕治の見解を参照すれば、以下の4点に要約される。

①「到達度評価」が「相対評価」を克服するために、目標論と評価論を表裏の関係と捉え、目標論の組み替えを主張したこと。この点での我が国での端緒が勝田守一（1908-1969）の「計測可能」学力説にあるとし、さらに中内敏夫の目標論と評価論の関係認識を表す「方向目標－相対評価」「到達目標－到達度評価」図式を関連づけている。

②「到達度評価」によって組み替えられた「到達目標」が、国民（児童）の「学習権」をこれに対する国家の義務との関わりで人権事項として捉えている。

③学校における教育課程の従来からの「自主編成」論に対して、教職員の民主的な合意に基づく「民主編成」論を促したこと。

④「目標づくり」だけでなく「評価方法」をも評価対象とすることで、教育実践にリアリズムを要請した。

2　目標に準拠した評価

戦後の学校教育は、教育内容を全体的に組織的・系統的に編成した「教育課程（カリキュラム）」が依拠している「学習指導要領」（1958〈昭和33〉年より「告示」され法的拘束力を持つようになった）と、児童・生徒の「在籍に関する記録」欄と「指導に関する記録」欄とからなる「指導要録」とが両輪となって機能してきている。

これまで述べてきた「教育評価」の諸理論の変遷は、実際上戦前の「学籍簿」と、戦後の「指導要録」の改訂で明らかになる、その特徴を参照して述べてきたものである。その意味で、田中耕治の『教育評価』の巻末資料の「2　戦後児童指導要録の特徴」は、多くの参考文献から作成された労作であり簡便でもある。それによると、「指導要録」の「指導に関する記録」欄の「各教科の学習の記録」に「Ⅰ　観点別学習状況」欄が登場す

るのは、1980（昭和55）年からでありその欄に絶対評価が導入されている。ただし、この「絶対評価」は、その目標設定の主観性を教師の教育・授業実践の進展によって克服できる点で、戦前型「絶対評価」とは質的に相違する。したがって、この点から「「絶対評価」という言葉の使用には慎重であるべき」（『教育評価』p.17）である。こうした見解を反映していると思われるが、2010年の「指導要録」では「絶対評価」の用語は使用されていない。

　2001（平成13）年の「指導要録」から「観点別学習状況」欄が基本となり、ABCの3段階での「目標に準拠した評価」の仕方を取ることとなっている。その「観点別学習状況」欄では、1991（平成3）年からこの年（2001年）まで「内容分析的観点」となっているが、2010（平成22）年からは「能力分析的観点」となっていると指摘される（『教育課程編成論』p.170）。

　この「目標に準拠した評価」は、先述した「到達度評価」が残した精神（学力・人権保障）と、方法論（授業方略：「基礎学力」を巡って、「回復指導」と「発展学習」「深化学習」がなされた）を深化するものである。その立場は、教育目標そのものを評価規準として児童・生徒の学力の獲得状況を具体的に把握して、それを学習指導（教授過程）に生かすところにある。

　「到達度評価」が全ての児童の学力保障、つまり学力（第3章参照）の基本性の確保を目指すところから、そこでは授業（単元学習）の過程での「振り返り」「見直し」で行われる「形成的評価」（第12章参照）が強調されてきた。この「形成的評価」は「総括的評価」と並んでスクリヴァン（Scriven, M.）が提唱したものであり、この着想に学んで授業過程での評価機能をブルーム（Bloom, B. S.）が分化させて「診断的評価」「形成的評価」「総括的評価」とし、それぞれの機能に応じたフィードバックを、児童と教師自身に行う必要性を主張している。

3　自己評価

　形成的評価は、授業の過程で行われるもので学習指導計画の修正や、学

力不足などの回復指導につながる。この評価を実施する場合の留意点を紹介すれば、①この評価の実施を小テストの実施と狭く理解しないこと、②この評価の実施時点は、単元のポイントや「つまずき」やすいところである、③評価内容は教授したことを逸脱しないこと、の3点である。

総括的評価は、学年・学期末や授業単元の終了時であり、そのデータは教師にとっては授業の反省、児童にとっては学習の結果の確認のために生かされる。この評価は、学力の基本性と発展性を評価対象とする。この学力の発展的な次元を把握する評価法がポートフォリオ評価法などであり、第12章で詳説される。

最終的に、児童・生徒たちが今日の情報化社会、生涯学習社会、そして文部科学省が強調する知識基盤社会を生き抜いていくためには、彼らの自己学習能力の育成が肝要であろう。そのために必要とされてきているのが、ここでは児童・生徒の自己評価（能力）である。自己評価とは、自己の学習活動（あるいは教科外活動）の始まり、プロセスを経て最後にその結果（成果）を点検・確認し、改善・調整する営みである。

自己評価の活動は、メタ認知的活動として説明され、このメタ認知とは自己の認知過程をワンランク上から確認・点検することで自己学習の中核に位置づけられ、「メタ認知的モニタリング」とも呼ばれる。また、その改善・調整の過程は「メタ認知的コントロール」と呼ばれる。つまり、「認知」は「メタ認知的モニタリング」（確認・点検）を経て「メタ認知」に至り、またそこから逆行過程である「メタ認知的コントロール」（改善・調整）を受けて、新たな「認知」レベルに変容するのである（『よくわかる教育評価』）。

おわりに

教育課程（序章、第1章参照）の教育評価理論の諸相を検討してきたが、評価行為は戦後の「相対評価」で判明したように、教師からの一方的な児童・生徒の「選抜・序列化」であってはならない。教育評価は、教師の教育活動が児童・生徒の「学習権」「教育を受ける権利」を保障しているか

否かを、とりわけ教師の授業過程を精査すると共に、児童・生徒の「学び」の実態を知ることで、教育活動・授業過程の改善を志向するものであった。

　評価理論でのキーワードは、フィードバック概念であると思われる。教育行為のトップダウンだけでなく、ボトムアップこそが民主主義社会では大切であり、まさにフィードバックの要請は教育・授業活動のボトムにこそスポットライトが当てられる必要性を、この評価理論（「目標に準拠した評価」）が訴えていると思われる。

【文献一覧】

安彦忠彦『教育課程編成論：学校は何を学ぶところか〔改訂版〕』（放送大学大学院教材 2006）放送大学教育振興会、2006年

加藤幸次編『教育課程編成論〔第2版〕』（玉川大学教職専門シリーズ）玉川大学出版部、2011年

柴田義松『柴田義松教育著作集3』学文社、2010年

田中耕治『教育評価』（岩波テキストブックス）岩波書店、2008年

田中耕治編『よくわかる教育評価〔第2版〕』ミネルヴァ書房、2010年

田中耕治・水原克敏・三石初雄・西岡加名恵『新しい時代の教育課程〔改訂版〕』（有斐閣アルマ）有斐閣、2009年

佐藤学『カリキュラムの批評：公共性の再構築へ』世織書房、1996年

第11章 教育評価の実際

瀬端淳一郎

はじめに

「教育評価」といわれると、テストの結果であったり、「通知表」の評定であったり、何か自分の価値を判断されているようである。学期末が来て「通知表」が渡されることが楽しみだった人もいるかもしれないが、誰にも見せずに川に捨ててしまいたいと思った人もいるかもしれない。

でも知っているだろうか。「通知表」は必ず学校が発行しなくてはならないものではない。その法的な根拠はなく、校長の裁量にまかされている。実際にはほとんどないが、「通知表」がなくても問題ないのである。他方で、皆さんはあまり目にすることはないが、「指導要録」という学籍や学習成果をまとめた書類は、どの学校も作成しなければならない。どの学校の先生たちも、皆さんの学籍や学習評価をまとめたこの書類作成に膨大な時間を費やしている。

この章では、教師になる皆さんには避けては通れない「指導要録」「通知表」について取り上げ、教育評価の実際について紹介したい。

第1節 「学習指導要領」の学力観と評価

1 「学習指導要領」「指導要録」「評価規準」「通知表」

「学習指導要領」「指導要録」「評価規準」「通知表」について、それぞれの関係性を示したのが、**表1**である。

耳慣れないが、「指導要録」というものが学校には存在している。「指導要録」は、公簿であり公的機関の公的記録として扱われている。子どもの学籍や指導の過程および結果の要約を記録し、その後の教員の指導や保護者などの外部に対する証明などに活用されている。「指導要録」は、保管は原則5年、学籍に関する記録は20年の保管義務がある。校長室など学校に金庫が置いてあるのは、この「指導要録」を保管するためでもある。ま

表1●学習指導要領・指導要録・評価規準・通知表　（文科省HPより。一部変更）

	法的な性格と内容	作成主体	文部科学省の関与
学習指導要領	学校教育法や学校教育法施行規則（省令）の規定を受け、制定されている学校の教育課程の大綱的な基準（文部科学大臣告示）。各教科等の目標や内容を定める	文部科学大臣	文部科学大臣が作成
指導要録	在学する児童・生徒の学習及び健康の状態を記録した書類の原本。学校に作成・保管義務（学校教育法施行規則、保管は原則5年。学籍に関する記録は20年）	指導要録の様式を定めるのは設置者の教育委員会（地教行法）。作成は校長の権限	文部科学省は学習指導要領の改訂ごとにその趣旨を踏まえた「指導要録の様式の参考案」を提示。あくまでも「参考案」
評価規準	指導要録における評価の規準（ものさし）。法的な根拠はなし	作成、内容等はすべて校長の裁量	国立教育政策研究所で各学校における規準作成のための参考資料を作成
通知表（通信簿）	保護者に対して子どもの学習指導の状況を連絡し、家庭の理解や協力を求める目的で作成。法的な根拠はなし	作成、様式、内容等はすべて校長の裁量。自治体によっては校長会等で様式の参考例を作成している場合も	なし

た、「指導要録」は保護者らへの全面開示を想定している。個人情報の保護に関する法令や条例によって、請求された場合には学校は説明責任を果たさなくてはならないことになっている。

　「学習指導要領」は、文部科学大臣が作成するが、「指導要録」の様式は、地方教育委員会が様式を定めることとなっている。しかし、実際は文部科学省から「指導要録の参考案」が示されているため、全国的にほぼ統一した形式となっている。

　表1にあるとおり、評価規準も「通知表」もその内容については校長の裁量である。ただ、実際は、後に見るように、各学校は、「学習指導要領」の学力構成や、「指導要録」の様式の影響を強く受ける。結果として、それぞれの学校が独自性をもって「通知表」を作成しているというよりも、

ほぼ「指導要録」に準じた「通知表」を作成しているのが一般的である。

2　「指導要録」の評価観点の変更

　言うまでもなく、学習評価は、何を育てるべき力ととらえるかによって、その評価方法も変わってくる。

　2011（平成23）年度から実施された「学習指導要領」の改訂に先立って、学校教育法第30条第2項が改正された。「基礎的な知識及び技能を習得させるとともに、これらを活用して課題を解決するために必要な思考力・判断力・表現力その他の能力をはぐくみ、主体的に学習に取り組む態度を養うこと」が新たに規定されたのである。

　この改訂を受けて、新学習指導要領の総則にも同様の学力観が盛り込まれることになった。従来は「関心・意欲・態度」「思考・判断」「技能・表現」「知識・理解」の4観点で構成されていたものが、**表2**のように、三つの観点として再構成された。「基本的な知識及び技能」に関する観点は「知識・理解」「技能」。「課題を解決するために思考力・判断力・表現力などの能力」は「思考・判断・表現」。「主体的に学習に取り組む態度」は「関心・意欲・態度」である。

表2●「指導要録」の生徒児童の学習状況の評価の変更　　（筆者作成）

	新学習指導要領	旧学習指導要領
観点別学習状況の評価	各教科について、評価の観点ごとにABCの3段階で評価 ① 「関心・意欲・態度」 ② 「思考・判断・表現」 ③ 「知識・理解」「技能」	各教科について、評価の観点ごとにABCの3段階で評価 ① 「関心・意欲・態度」 ② 「思考・判断」 ③ 「技能・表現」 ④ 「知識・理解」
評定	＜変更なし＞ ○各教科について、各学年末に評価 ○小学校（第3学年以上）3、2、1の3段階で評価 ○中学校5、4、3、2、1の5段階で評価 ○評定については2002（平成14）年4月より「相対評価」（目標に準拠した評価を加味した相対評価）から「絶対評価」（目標に準拠した評価）に	

この観点は、子どもの学習状況を分析的にとらえる「観点別学習状況の評価」を構成する。最も大きな変更点は、「技能・表現」から分離して、「表現」が「思考・判断」と一緒になり、「思考・判断・表現」となっていることである。学力観が変更され、「表現」は「思考・判断」と同様の能力の一つとして考えられるようになったことを示している。

　なお、こうした観点別評価は、総括的にとらえるための「評定」として最終評価されるが、その様式の変更はない。また、評価方法は、これまでと同様に「相対評価」でなく、教師が設定した目標に準拠した評価、いわゆる「絶対評価」で実施することとされている。

3　評価観点、評価規準、評価基準

　実際の記録簿（「指導要録」や「通知表」）について語る前に、教師が評価を行うためのよりどころについて確認しておきたい。いわゆる評価規準に関しては、評価観点、評価規準、評価基準という紛らわしい用語がある。評価観点と評価規準は、ときに同じように使われる場合もあるが、評価をもっと分かりやすく理解するために、この三者の違いを定義しておきたい。なお、評価規準と評価基準は、いずれも同じ呼び方なので前者を「のりじゅん」後者を「もとじゅん」と呼んで区別する場合もある。

　まず、評価をする場合、学習活動の全てを評価することは現実的に難しい。そのため、教師は、どのような視点で学習を見て評価するのかを決める。これが、評価の観点である。これまで一般的に評価観点は、文部科学省が示した観点別学習状況における「関心・意欲・態度」「思考・判断」「技能・表現」「知識・理解」の4観点（新学習指導要領では3観点）を指していた。そして、その評価の観点を細目化し、具体化した行動を質的に記述したものが評価規準である。さらに、子どもの学びの質を量的にレベル分けしたものが評価基準である。評価規準は英語ではクライテリア（criteria）、評価基準はスタンダード（standard）である。このことからも、評価規準は資質や能力の質的な面を具体化した用語であり、評価基準は評価規準の達成の度合いを判断するための設定値であると言える。

表3●評価観点・評価規準・評価基準（生活科の例） （筆者作成）

評価規準（広義）	評価観点	生活への関心・意欲・態度	活動や体験についての思考表現
	評価規準	挨拶したり話しかけたりするなど、地域の人に進んでかかわろうとする。	安全な遊び方や場所の使い方について工夫することができる。
	評価基準	A：十分かかわれる。 B：おおむねかかわれる。 C：あまりかかわることができない。	A：十分工夫することができる。 B：だいたい工夫することができる。 C：あまり工夫することができない。

　教師の評価活動は、評価規準と評価基準とが一体化して初めて可能となる。評価基準の設定は、ただ単に指導要録のためだけにあるのではない。もし、ある評価結果が、著しく偏ったとき（たとえば、ある評価基準で子ども全員がAを取得したり、あるいは全員がCを取得したりするとき）、評価観点や評価規準が適切でない場合もあるが、評価基準の設定が誤っている場合が多い。また、授業実践の前に、評価基準の各段階を明示しておくことで、子どもの学習意欲を高める効果を生むこともある。逆に、評価基準の達成率から教師自らの授業実践の不十分さを見つめ直すことも可能である。

　また、評価規準は子どもの学習の様子や進度を加味しながら適切に評価できるものでなくてはならない。あくまで可変的なものとして扱うべきである。**表3**は、以上のような考えに基づき筆者が実際に作成した生活科の例である。

第2節　「指導要録」の実際

1　「指導要録」の変更点

　新学習指導要領では、どのような点が変更されたのだろうか。学籍に関する記録には「児童の氏名、性別、生年月日及び現住所、保護者の氏名及

び現住所、入学前の経歴、入学・編入学等、転入学、転学・退学等、卒業年月日、進学先、学校名及び所在地、校長氏名印、学級担任氏名印」をこれまで同様に記入することになっている。しかし、指導に関する記録では今回の改訂において以下の2点が大きく変更になった。

一つ目は、外国語活動が5、6年の学習内容欄として加えられたこと。ただし、外国語の評価は数値による評価がなじまないため、「総合的な学習の時間」と同様に、評価の観点を設定して文章による記述評価をすることになっている。文部科学省は小学校の外国語活動の記入については参考様式として以下の3観点を示している。

・コミュニケーションへの関心・意欲・態度
・外国語への慣れ親しみ
・言語や文化に関する気付き

この3観点をもとに実際の観点の設定は、子どもの学習の様子を踏まえて学校ごとに追加してもよいことになっている。

二つ目の変更点は、前述したとおり、「観点別学習状況の評価」の観点が「思考・判断」から「思考・判断・表現」となり、「表現」という言葉が加えられたことである。

2　「指導要録」の活用と記述のあり方

「指導要録」は、保護者から開示を求められる場合がある。また、それまで教師が子どもに行ってきた指導過程と結果を記録したものを振り返り、今後の指導の改善に役立てることもできる。しかし、現状は開示請求も少なく、結果の記録のみにとどまってしまいがちになっている。本来であれば、子どもの特性を十分に理解して、学級経営に生かしたり、学習のつまずきを解消したりする資料になりうるはずである。今後は、「指導要録」を活用する方法も学校現場で研究されていかなくてはいけないだろう。さらに、「指導要録」の記入内容についても開示請求の義務が発生するために、教師が子どもの学習の実情を無難な表現にとどめてしまいがちな面もあり、真正の評価という意味から考えると課題もある。開示請求は保護者

や子どもの権利ではあるが、教師は当たり障りのない表現にとどめるのではなく、子どもの個性を客観的な根拠のある事実に基づいて記述をしなくてはいけないだろう。

具体的には、どのような点を考慮して記入していけばよいのだろうか。新学習指導要領に準じれば、「基礎的・基本的な知識・技能」「知識・技能を活用して課題を解決するために必要な思考力・判断力・表現力等」「主体的に学習に取り組む態度」を育成することが示され、教科などの目標や内容も、これに沿った形で改善されている。実際には、それぞれの教科の知識・技能を活用する発表、討論、論述、観察・実験、レポートの作成など、学習指導要領において充実が求められている学習活動を積極的に取り入れ、学習の目標に照らして実現状況を評価する必要がある。

3 「指導要録」の内容

「指導要録」を作成するにあたっての内容を詳しく紹介する。まず、様式1から様式2まであるが、様式1はいわゆる表紙にあたる部分である。この表紙には、児童の氏名、生年月日、性別、住所が書き込まれる。下部には、保護者の名前、現住所が同様に書き込まれるようになっている。その横には、入学・編入学や転入学欄があり、児童の移動履歴が分かるようになっている。もちろん、卒業後の進退も含めてである。どの幼稚園や保育園から入学したかも、分かるようになっている。中央は通学学校の名前と住所、その下には、学年別に担任や校長名が書かれるようになっている。年度の終わりには、修了の証明として、担任が氏名の終わりに印を押すようになっている。これが、様式1の具体的な内容である。

次に様式2（**資料1**）について解説する。様式2は子どもの具体的な学習の評定が記入される。総合的な学習の時間の記録の欄には学習活動や観点、そして評価の欄が設けられ、具体的な学びの姿で記入され、評定は出さないようになっている。総合的な学習の時間の下部には、日ごろの学習活動の様子を行動面から評価する特別活動の記録や行動の記録を書き込むようになっている。特別活動の項目として、学級活動、児童会活動、クラ

資料1●小学校の「指導要録」様式2（指導に関する記録）〈参考様式〉

様式2 (指導に関する記録)

児童氏名		学校名		区分＼学年	1	2	3	4	5	6
				学級						
				整理番号						

各教科の学習の記録

I 観点別学習状況

教科	観点＼学年	1	2	3	4	5	6
国語	国語への関心・意欲・態度						
	話す・聞く能力						
	書く能力						
	読む能力						
	言語についての知識・理解・技能						
社会	社会的事象への関心・意欲・態度						
	社会的な思考・判断・表現						
	観察・資料活用の技能						
	社会的事象についての知識・理解						
算数	算数への関心・意欲・態度						
	数学的な考え方						
	数量や図形についての技能						
	数量や図形についての知識・理解						
理科	自然事象への関心・意欲・態度						
	科学的な思考・表現						
	観察・実験の技能						
	自然事象についての知識・理解						
生活	生活への関心・意欲・態度						
	活動や体験についての思考・表現						
	身近な環境や自分についての気付き						
音楽	音楽への関心・意欲・態度						
	音楽表現の創意工夫						
	音楽表現の技能						
	鑑賞の能力						
図画工作	造形への関心・意欲・態度						
	発想や構想の能力						
	創造的な技能						
	鑑賞の能力						
家庭	家庭生活への関心・意欲・態度						
	生活を創意工夫する能力						
	生活の技能						
	家庭生活についての知識・理解						
体育	運動や健康・安全への関心・意欲・態度						
	運動や健康・安全についての思考・判断						
	運動の技能						
	健康・安全についての知識・理解						

II 評定

学年＼教科	国語	社会	算数	理科	音楽	図画工作	家庭	体育
3								
4								
5								
6								

外国語活動の記録

観点＼学年	5	6
コミュニケーションへの関心・意欲・態度		
外国語への慣れ親しみ		
言語や文化に関する気付き		

総合的な学習の時間の記録

学年	学習活動	観点	評価
3			
4			
5			
6			

特別活動の記録

内容	観点＼学年	1	2	3	4	5	6
学級活動							
児童会活動							
クラブ活動							
学校行事							

ブ活動、学校行事の4項目から、具体的な姿と活躍した場面を記入することになっている。

様式2の裏面には行動の記録の全10項目や、総合所見と指導上参考となる諸事項、出欠記録などがある。主に友だち関係や自主性など、学校生活を送る中での子どもの様子のよい点を、学校生活全般から見つけるようになっている。具体的には、基本的な生活習慣、健康・体力の向上、自主・自律、責任感、創意工夫、思いやり・協力、生命尊重・自然愛護、勤労・奉仕、公正・公平、公共心・公徳心である。

4 「指導要録」と「通知表」の連携

上記のような内容を踏まえて学校現場では、どのように「指導要録」を作成しているのだろうか。ここでは、筆者の勤務する山梨学院大学附属小学校の「指導要録」のあり方を例に挙げて、その実状と工夫を解説したい。

本校では、「通知表」を「学びのあゆみ」（詳しくは後述する）という名称にして保護者に手渡し、子どもの学習状況について伝えている。通常であれば、「通知表」の内容を教師が別に記録しておき、年度末に「指導要録」の内容として要約し記録する。しかし、本校では、このわずらわしい成績処理を簡素化するために、コンピューターシステムによって通知表「学びのあゆみ」の内容が「指導要録」とリンクし、1年を通した成績が反映された処理を行うようになっている。全国的に見てもこのようなシステムを構築しながら「指導要録」を作成している学校は稀であろう。今後は、このようなコンピューターを使った「指導要録」の作成が、全国的な流れになっていくことを期待している。ただ、このシステムを使うにはその設定までの費用が莫大にかかるため、なかなか一般化されないのが現実的な課題である。

第3節 「通知表」の実際

1 「通知表」の役割

　「通知表」は、教科別や領域別に子どもの学習状況、あるいは学校生活の様子を保護者に伝えるものである。たいていの場合は、その内容は年度末にまとめられる「指導要録」の内容と重なることが多い。もちろん、子どもの学習への取り組みや、身につけた能力を中心に知らせるが、生活面での態度やクラスの仲間とのかかわりの様子を示す場合もある。

　評価の観点や規準は学習指導要領に基づきながら、学校で独自に項目を設けている。つまり、その学校が目指す教育目標に向かって、どのような取り組みをしているかを伝えるものとしても位置づけられている。そのため、学校独自の教育姿勢が明瞭な形でうかがえるものでなければならない。学校の目指す教育が保護者や子どもにとって分かりやすく、その方向に向かって学校と家庭がよりよい協力関係を築きあげていく契機となるような、表記や構成の工夫が必要であろう。その意味においては、学年別に学期ごとの具体的な「願うべき育ちの姿」を表し、その実現状況について示すような評価欄が考えられるべきである。実際の学校現場では、このような視点に立って、どのように工夫しているのであろうか。

　次項で、筆者の学校で作成している「通知表」を基に、子ども一人ひとりの学びの様子を、個性的に伝えるための工夫を紹介したい。

2 「通知表」の実際と工夫

　山梨学院大学附属小学校では、「通知表」によって子どもの学ぶ姿を生き生きと伝えられるように、また、具体的な子どもの学習課題を保護者と共有できるように、学校独自にさまざまな工夫を凝らしている**(資料2)**。

　まず、一つ目の工夫は、継続的で、かつ系統的、段階的な子どもの学習の姿を知ることができるようになっている点である。名称は「通知表」とは

資料2●山梨学院大学附属小学校「学びのあゆみ」(通知表)

上がプロジェクト、下が領域の様子を伝える評価とコメント(サンプル)。領域はABC評価で、子どもの学習実態にあわせて評価規準を柔軟に変えていく。

★ プロジェクトでの活動　　　　　　　　　　　　　　　　　　　　6年　前期

テーマ	スポーツ
プロジェクトの内容	テーマに関する学習／Tシャツ作り／運動作り／表現運動／創作活動／活動の振り返り／児童会活動

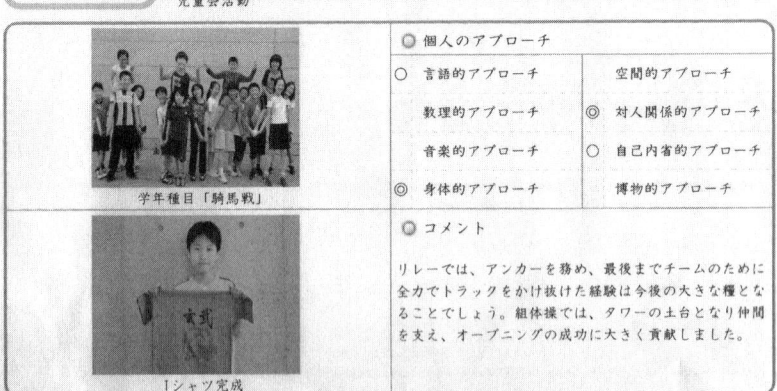

学年種目「騎馬戦」
Tシャツ完成

○ 個人のアプローチ

○ 言語的アプローチ	空間的アプローチ
数理的アプローチ	◎ 対人関係的アプローチ
音楽的アプローチ	○ 自己内省的アプローチ
◎ 身体的アプローチ	博物的アプローチ

○ コメント

リレーでは、アンカーを務め、最後までチームのために全力でトラックをかけ抜けた経験は今後の大きな糧となることでしょう。組体操では、タワーの土台となり仲間を支え、オープニングの成功に大きく貢献しました。

言葉(ことば)

観点	評価
● 言葉に関心をもち、意欲的に課題に取り組む	A
● 自分の意見を明確にして、収集した知識や情報を関係付けながら話す	A
● 目的意識をもって聞き、話し手の意図や考えをつかむ	A
● 自分の考えを明確に表現するために事柄を整理し、論旨を一貫させて文章に書く	B
● 感じたことを、意図的に表現の効果を工夫して詩や短歌などで表現する	B
● 文章の内容や段落ごとの役割を的確に押さえ、要旨をとらえる	B
● 随筆的文章において、筆者の主張と、主張を裏付けるための事例との関係をとらえる	A
● 接続詞のはたらきと種類を知り、適切に使い分ける	A
● 四字熟語の使い方と、その意味がわかる	A
● 学習した漢字を正しく読んだり書いたりする	A
● 毛筆や硬筆で、文字の形を整えて書く	B

○ コメント

随筆的文章を読み解く学習では、文章の内容を的確にとらえ、問題に対する答えの導き方を友だちに順序だてて説明することができました。詩の学習では、卒業旅行で見たエゾシカの親子を題材に、倒置法や比喩などの表現技法を取り入れた詩を作りました。

○ 参考となる記録
全国学力検査 4 [5段階中] (3/23)

リレースピーチ
毛筆の学習

言わずに、「学びのあゆみ」と称して、子どもの学習の軌跡を感じ取れるイメージを大切にしている。保護者は「学びのあゆみ」をもらうと、入学時に学校から渡されたバインダーにとじる。「学びのあゆみ」が、やがて小学校の「学びのアルバム」になるように、それぞれの子どもたちの学びを表わす十数枚のシートが、1年に前期、後期で2回、6年間で12回、配布される。「学びのあゆみ」は、表紙、プロジェクト、領域、体重や身長などの健康状態、友だちからのコメント、家族からのコメントで構成されている。プロジェクトとは一般的な総合的な学習の時間に相当する教育活動である。教科は領域と呼んでいて、教科学習の特質を含みながら、柔軟に対応できる教育活動が展開できるようにしている。

　二つ目の工夫は、保護者にとって自分の子どもは何ができて、何ができないのかが明確かつ容易に理解できる観点を設定している点である。評価観点といっているが、実際には評価規準に近く、一つ一つの規準が単元の学習内容に直結しているので、どのようなことができて、どのようなことができないのかが、分かりやすい表記になっている。山梨学院大学附属小学校は教科担任制を敷いているため、領域ごとに8〜12項目の規準が設定される。また、子どもの学習実態に合わせて、評価規準を柔軟に変えることが可能となっている。場合によっては、個人に対応した個別の評価規準を入れることも可能である。

　三つ目の工夫は、学校での学習活動の様子がどのような姿や様子で行われていたかをイメージしやすいように、プロジェクトや各領域ごとにそれぞれ、写真とコメントをつけ加えている点である。このような工夫は一般的な「通知表」にはあまり見られることがなく、保護者に子どもの姿を伝える本校独自の工夫である。表紙にも、その子の素敵な表情の写真をのせて個性ある「通知表」になるように配慮している。

　これまで本校の通知表「学びのあゆみ」の工夫を紹介したが、実物のサンプルは**資料2**の通りである。各学校の「通知表」も、さまざまな工夫を凝らすための参考にしていただけたら幸いである。

おわりに

　以上、「指導要録」と「通知表」の実際を見てきた。「指導要録」は、確かに、文部科学省の学力観の影響を受け、法的に管理しなくてはならないものである。とはいえ、「指導要録」が、ただの原簿としてあるのでは寂しい。各学校や各教師でも、子どもの学びを正しく評価するために、評価規準や評価基準の改善を行う余地はあるし、またそれを授業改善へと結びつけていくことができるはずである。

　さらには、いわゆる「通知表」も、学校長の裁量により、さまざまなアレンジが可能である。大切なことは、評価のための評価にならないことである。子どもの学びを最大化させるために、子どもの学習の現状を把握し、それを正しく保護者と本人に伝え、次の授業改善へとつなげていく。こうした教育改善のための循環が発生するような、教育評価であってほしいと願っている。

【文献一覧】

　安藤輝次編著『評価規準と評価基準表を使った授業実践の方法：ポートフォリオを活用した教科学習、総合学習、教師教育』黎明書房、2002年

　田中耕治「これからの学習評価のあり方：『ポートフォリオ評価法』の可能性を問う」日本教育方法学会編『学力観の再検討と授業改革』（教育方法30）図書文化社、2001年

　国立教育政策研究所教育課程研究センター「評価規準の作成のための参考資料（小学校）」（平成22年11月）2010年

　　[http://www.nier.go.jp/kaihatsu/houkoku/hyoukakijun_shou.pdf]

　中央教育審議会初等中等教育分科会教育課程部会「児童生徒の学習評価の在り方について（報告）」（平成22年3月24日）2010年

　　[http://www.mext.go.jp/b_menu/shingi/chukyo/chukyo3/004/gaiyou/attach/1292216.htm]

　文部科学省『小学校学習指導要領解説：総則編』東洋館出版社、2008年

第12章 パフォーマンス評価

松下佳代

はじめに

パフォーマンス評価は、今日、「教育課程改革の牽引車としての役割を担おうとしている」（田中耕治『パフォーマンス評価』p.9）といわれる。実際、パフォーマンス評価は現在、小学校から大学まで広い範囲で注目され、実践されつつある。

パフォーマンス評価とはどのような評価方法なのか。それは学校教育にどのようなインパクトを与えようとしているのだろうか。

第1節　パフォーマンス評価の特徴

1　パフォーマンス評価とは何か

「パフォーマンス評価（performance assessment）」とは、文字どおり、パフォーマンスによる評価のことである。"performance"にはさまざまな訳があるが、もともとの意味は、何ごとかを遂行すること、何ごとかをやって見せること、である。したがって、パフォーマンス評価というのは、実際に課題や活動を遂行させて、その遂行ぶり（実演）や遂行の成果物（作品）のできばえを評価すること、ということができる。

日本の学校教育の中でパフォーマンス評価が注目されるようになったのは、せいぜいこの10年くらいのことだが、日常生活の中にはパフォーマンス評価があふれている。自動車の路上試験は多くの人が経験する典型的なパフォーマンス評価だし、フィギュアスケートの演技、ピアノの演奏、美術の作品などの評価も全てパフォーマンス評価である。学校で評価といえば、私たちはペーパーテスト、それも○×式や多肢選択式や短答式の客観テストを思い浮かべがちだ。が、そのようなテストは、教えられた知識を覚えているかどうかを評価するのには好都合であっても、知識を使って思考したり、思考したことを表現したりするような高次の複合的な能力を評

価するのには適さない。そこで目を向けられたのが、学校外で用いられているパフォーマンス評価のやり方である。

　たとえばフィギュアスケートの場合、実際に数分間演技させて、それを複数の審判が、一定の採点基準にしたがって採点する。学校でのパフォーマンス評価のやり方も基本的にはこれと同じだ。フィギュアスケートの演技課題の代わりに、「パフォーマンス課題（performance task）」を与えて解決・遂行させ、それを複数の評価者が、「ルーブリック（rubric）」と呼ばれる評価基準などを用いながら、評価していく。もちろん、学校でのパフォーマンス評価とフィギュアスケートの採点とはまったく同じというわけではない。フィギュアスケートが得点を争う競技であるのに対して、学校では、パフォーマンスの質を数値化することよりも、学習指導や学習活動に生かせるように、子どもの高次の複合的な学力の状態を把握することが、第一の目的になるからだ。

2　可視化と解釈

　もう少し詳しく、パフォーマンスと学力の関係について見ておこう。

　『見える学力、見えない学力』というベストセラーがある。しかし本来、学力は力の一種であり、それ自体が「見える」わけではない。測定や観察によって「見える」のはパフォーマンスであって、どんな能力も、そのパフォーマンスから推論することでしか把握できないのである。

　学力をパフォーマンスのかたちにして見えるようにすることを「可視化」、パフォーマンスからその背後にある学力を推論することを「解釈」と呼ぶことにしよう。そうすると、パフォーマンス評価とは、「パフォーマンス課題」などの課題によって学力をパフォーマンスへと可視化し、「ルーブリック」などの評価基準を使うことによってパフォーマンスから学力を解釈する評価法だということができる**（図1）**。

　可視化と解釈のプロセス自体は、客観テストであっても見られる。だが、パフォーマンス評価の場合、パフォーマンスは正誤ではなく、良さ・見事さ・美しさなどの質を伴ったものになるので、どんな課題を行わせるのか、

図1●学校でのパフォーマンス評価の構図

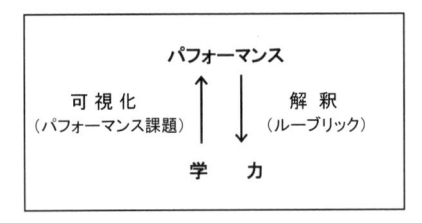

```
           パフォーマンス
              ↑ ↓
   可視化           解釈
(パフォーマンス課題)  (ルーブリック)
              学 力
```

(松下佳代『パフォーマンス評価』より)

どんな評価基準でそれを解釈し評価するのかがとりわけ重要なのである。

第2節　パフォーマンス評価の方法

　ここからは、私が開発に加わった算数のパフォーマンス評価の例を用いながら、パフォーマンス評価の方法について具体的に説明していこう。これは、お茶の水女子大学のJELS（「青少年期から成人期への移行についての追跡的研究」）というプロジェクトの中の算数・数学学力調査の一部として、小学3年・小学6年・中学3年・高校3年の子ども（各2,000～3,000人）を対象に実施されたものである。学力調査であることによる制約はあるが、パフォーマンス評価の一つのかたちは知ることができる。

1　パフォーマンス課題

　パフォーマンス課題とは、高次で複合的な能力を評価するために使われる、リアルな状況でさまざまな知識や技能を総合して使いこなすことを求めるような課題のことである。JELSのパフォーマンス課題は、どの学年も、20分で1問の自由記述式の問題だった。B4判紙1枚のほぼ上部約3分の1～4分の1に問題文があり、その下のスペースに解答を書いてもらう。あらかじめ、「どのように考えたのか、その考え方を、式、言葉、図、絵などを使って、分かりやすく書いてください」という指示を与えておいた。

図2●パフォーマンス課題の例（小学6年算数）

> 子ども会でハイキングに行ったところ、ある地点でコースが二手に分かれていました。さつきコースが全長3kmで、けやきコースは全長5kmです。どちらのコースをとってもレストハウスへ行けます。そこで2つのグループに分かれて、レストハウスで合流することにしました。ゆう子さんのグループは、さつきコースにしました。あきお君のグループはけやきコースにしました。
> 　10時に二手に分かれて、ゆう子さんのグループがレストハウスについたのは11時でした。その時、あきお君たちのグループはまだ到着していませんでした。「距離が長いから当然だね。あきお君たちが着くまでどのくらいの時間がかかるのかはかってみよう。」ということで、時間をはかっていたら、30分後にあきお君のグループがレストハウスに到着しました。ゆう子さんはあきお君に「どこかで休憩していたの？」と聞きました。あきお君は「休憩なんかしてないよ。ずっと歩いていたんだよ。」と答えました。どちらのグループも休憩したりせず、一定の速さで歩いていました。
> 　そこで、みんなはどちらのグループのほうが速く歩いたのか知りたくなりました。あなたは、どちらが速く歩いたと思いますか。考えたこととその理由を書いてください。

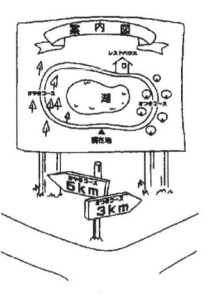

（松下佳代『パフォーマンス評価』より）

図2にあげたのは小6の課題である。

簡単に言えば、3kmを1時間で歩く場合と、5kmを1時間30分で歩く場合の速さ比べの問題だ。この課題のどこにパフォーマンス課題らしい特徴があるのだろうか。次の二つの問題と比べてみよう。

①$5 \div 1.5 =$

②あきおくんは5kmの道のりを1時間30分で歩きました。時速何kmで歩いたことになるでしょう？

①は計算問題、②はふつうの文章問題だ。これらと図2のパフォーマンス課題との違いは、「内容（Content）」「文脈（Context）」「認知（Cognition）」という「三つのC」で説明できる。まず、図2の課題に答えるには、単位量あたりの大きさ、分数・小数のかけ算・わり算、単位換算などの、単元をまたがったさまざまな知識や技能が必要になる（内容）。また、この課題は、現実世界で生じてもおかしくない場面を扱っている。もちろん、数値などは、必要以上に計算が複雑にならないよう単純な数値になっているが、時刻から所要時間を求めることなどには、現実世界の特徴がもりこまれている（文脈）。さらに、この課題は、(ア)現実世界の問題を数学の世界の問題へ定式化し、それを計算という技法を使って解き、出てきた答えを解釈し

て、元の問題の解決とするという一連の問題解決のプロセスをたどること、(イ)そのような思考のプロセス全体を多様な表現方法（式、言葉、図、絵など）を使って表現すること、を子どもに要求する（認知）。このようなところにパフォーマンス課題らしい特徴がある。

　パフォーマンス課題というのは、自動車の路上試験やフィギュアスケートのような実技系の課題に限られるわけではない。筆記の課題であっても、高次で複合的な思考や表現の能力を必要とするような課題は、パフォーマンス課題といえるのである。

2　ルーブリック

　ルーブリックとは、パフォーマンス（作品や実演）を解釈し、その質を評価するために用いられる評価基準のことだ。ふつう、観点×レベルというマトリックス（2次元表）という形式で描かれ、その各観点・レベルに該当するパフォーマンスの特徴が説明される。

　客観テストは、その名の通り、誰が採点しても同一の結果が得られるという意味で客観的だが、パフォーマンス評価では、どうしても評価者の主観が入る。主観的であっても恣意的・独断的にはならないようにするためには、複数の評価者間で調整作業（モデレーション）を行い、評価過程や評価結果に一貫性をもたせるようにする必要がある。ルーブリックはそのようなモデレーションのためのツールにもなる。

　表1は、**図2**で挙げた課題に対して用いたルーブリックである。このルーブリックは、(a)概念的知識（問題の中の数量的関係が理解できているか）、(b)手続き的知識（解法の手続きを正しく実行できているか）、(c)推論とストラテジー（数学的に筋道だった考え方をしているか）、(d)コミュニケーション（考え方をきちんと説明できているか）の四つの観点と、0～3の四つのレベルの2次元で構成されている。分かりやすくいえば、(a)は「（意味が）わかる」、(b)は「（手続きが）できる」、(c)は「考える」、(d)は「伝える」にあたる。また、四つのレベルは、3＝適切である、2＝小さなミスや欠落などがある、1＝大きなミスや欠落などがある、0＝その観点を評

表1●ルーブリックの例（小学6年算数）

	概念的知識	手続き的知識	推論とストラテジー	コミュニケーション
3	時間、距離、速さを正しく関係づけられている。	解を導くために必要な計算が正しくできている。	どんな量や比で比較するかを正しく選択できている。	考え方（プロセスと答え）が数式や言葉などを使って、きちんと書かれており、しかも、その証拠が十分に説明されている。
2	速さの概念に、部分的な誤りや不十分さが見られる。	解を導くために必要な計算を行っているが、小さな計算ミスがある。	どんな量や比で比較するかを正しく選択できているが、比較の仕方に一貫性や順序性が欠けていたり、不十分さが見られる。	数式と答えはきちんと書かれているが、それについての説明が不十分であるか、誤っている。
1	速さの概念に重大な誤りがある。	解を導くために必要な計算を行っているが、重大な計算ミスがある。	どんな量や比で比較するかを正しく選択できていない。	説明が断片的で、関連づけられていない。
0	時間と距離の一方にしか着目できていない。	解法を示す数式や言葉が見られない。	速さの比較が行われていない。	考え方の説明がない。

（松下佳代『パフォーマンス評価』より。一部抜粋）

価できる内容が書かれていない、で分けられている。

　パフォーマンス評価の特徴の一つとして、ルーブリックを子どもの自己評価の際にも使わせることで、子どもが評価主体になるよう促すということがある。表1のような課題別ルーブリックの場合、そのまま子どもに見せて自己評価のツールにしてもらうことは難しいが、(a)〜(d)の観点はパフォーマンスに求める規準として事前に示すことができる。

　では、具体的にはどのように評価を行っていくのだろうか。評価手続きは、ルーブリックがすでに存在する場合と、ルーブリックづくりも必要な場合とで多少異なる。後者の場合は、ルーブリックづくりと採点を同時並行的に行っていくことになる。だが、基本的には、両者とも、①複数の評価者で評価を行う、②一定の評価が終わったところで評価結果をつきあわ

せ、評価者間で議論する、③評価が終わったら特徴的な評価事例を抽出する、という手続きをとる。②は評価の信頼性（評価過程・評価結果の一貫性）を高めるために必要な「モデレーション」である（『新しい評価を求めて』第7章）。③も、パフォーマンス評価において不可欠な作業である。ルーブリックではパフォーマンスの質を言葉で説明しているが、事例には言葉で表現できる以上の質が含まれているからだ。

このように、パフォーマンス評価の手続きは、子どもたちのパフォーマンスとルーブリックと採点結果との間の往復であり、時間と労力がかかる。だが、この作業を繰り返すうちに、だんだん子どもの思考や表現の特徴が読みとれるようになっていく。いわば「教育的鑑識眼」が培われていくのである。また、解釈や評価が採点者間で食い違う場合に議論を重ねていくことによって、協働的な関係（同僚性）も築かれていく。これらは、デメリットを上回るパフォーマンス評価のメリットである。

3　評価事例

　子どもの解答を一つ取り上げ、それを私たちがどのように解釈・評価したかを示そう（図3）。

　この事例は、二つの解法の混在型で、観点間の得点のばらつきが大きいのが特徴である。まず、この子ども（Aくん）の思考プロセスをたどってみよう。最初の四角の中の計算では分速を求めている。速さを比べるにはこれで十分なはずなのだが、しかし、Aくんは「この場合、あきお君の方が早いが、ゆう子さんのコースの方が距離が短い」と書いている。この記述から、Aくんの中では速さと距離の概念がまだしっかりと分化していないことがうかがえる。次の段の「最小公倍数で同じ距離にする」という部分からは、もう一つの解法（3と5の最小公倍数を求めて距離をそろえ、時間で比べる）をとろうとしていることが分かる。ところが、距離だけ5倍・3倍して、時間の方も同じく5倍・3倍することを忘れたために、「ゆう子さんのチーム」の方が速いという間違った判断にいたっている。

　このようにパフォーマンスの背後の思考プロセスを解釈した上で観点ご

図3●採点事例（小学6年算数）

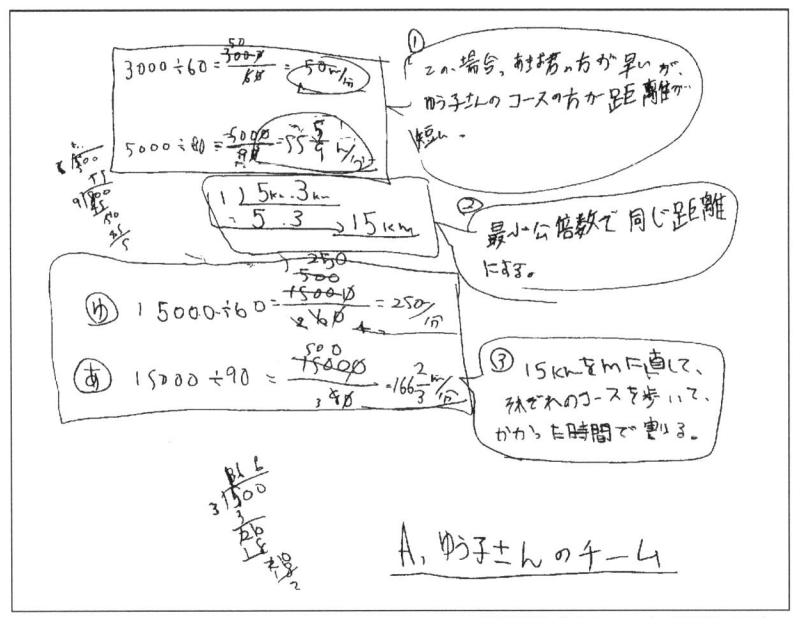

(松下佳代『パフォーマンス評価』より)

とに評価していく（＜＞内はルーブリックの該当箇所）。概念的知識については、速さと距離の概念が未分化であることから、＜速さの概念に重大な誤りがある＞とみて1点とし、また、推論とストラテジーについても、＜比較の基準が複数書かれていて、その間に矛盾や齟齬がある＞ことから1点と評価した。他方、手続き的知識については、最後で間違ってはいるが、最初の四角囲みの中では複雑な計算も正確にこなしているので、十分高い（3点）と評価できる。コミュニケーションについては、＜きちんと書かれて＞はいるが、最終的に「ゆう子さんのチーム」を答えとしたことについての説明が不十分とみて、2点と評価した。

　さて、Aくんの一番の問題点は、速さと距離の概念の未分化にある。しかし、最初の四角の中の二つの式は正しいので、仮に「速さを求めなさい」という普通の文章題だったとすれば、この問題点は可視化されなかっ

たかもしれない。このパフォーマンス課題であればこそ、問題点が可視化され、どう学習指導すればよいかという方針も明らかになったのである。

第3節　学校ぐるみでの取り組み

1　目黒区立菅刈小学校での実践

　以上では、学力調査でのパフォーマンス評価を例にとって説明してきたが、パフォーマンス評価はむしろ、個々の学校で、個々の子どもたちの学力を把握し、指導や学習に生かすのに適した評価である。目黒区立菅刈小学校では、2005〜2006年度に、区の教育開発指定校としてパフォーマンス評価に取り組んだ。その実践の一端を紹介しよう。

（1）パフォーマンス課題（小学4年算数）
　菅刈小では、JELSのパフォーマンス課題を参考にして、各学年および特別支援学級のパフォーマンス課題を独自に開発した。たとえば、4年生の算数はこんな課題だ。

> 　4年生は体育の時間に2人3きゃくをしました。2人で足なみをそろえて走るのはたいへんでしたが、かけ声合わせてやるとだんだん速く走れるようになりました。たいこうで3人4きゃくをやることにしました。4年生の人数は全部で42人です。足にむすぶひもは、全部で何本用意したらよいでしょうか。

　学校でパフォーマンス評価を行う場合には、この課題のように、実際に子どもたちが体験したことをもとに問題をつくることができる（4年生は実際に42人いて、体育の時間に2人3脚もやったそうだ）。これも学校でのパフォーマンス評価のメリットである。

（2）ルーブリックづくりと評価手続き

　JELSでは、4観点×4レベルで評価した。一方、菅刈小では、四つの観点を「問題理解」「計算・技能」「思考力」「表現力」と言いかえて、A～Cの3段階で評価している。観点別学習状況との対応させやすさを考えてのことだろうが、「関心・意欲・態度」は観点に入れていない。また、レベルは3段階だが、Cについては「Bに満たないものはC」とすることで、ルーブリックづくりの作業が軽減されている。

（3）パフォーマンス評価を授業に生かす

　菅刈小では、パフォーマンス評価を総括的評価として使うのではなく、形成的評価として、応用段階での指導の中に組みこんで使っている。パフォーマンス評価にかかわる指導は、こんなふうに展開する。①パフォーマンス課題を自力解決する（第1時）、②教師3人で、ルーブリックを作成しながら、子どもたちの解答を評価し、子どもたちの解答の中から、学び合いに役立ちそうなものを三つ程度選ぶ（応用段階の第1時と第2時の間）、③模造紙大に拡大コピーした解答を黒板に張って、それを書いた子どもにどのように考えたのかを発表させ、クラスで共有する（第2時）。

　このように、パフォーマンス評価は、単なる「学習の評価」ではなく、それに取り組むこと自体が学習経験として意味をもつ。いわば「学習としての評価（assessment as learning）」の機能も果たしているのである。

2　他の事例

　パフォーマンス評価の取り組みは、2000年代の半ばくらいから、さまざまな学校・教科で行われてきた。京都大学教育学研究科では、全国の教師にパフォーマンス評価について学ぶ研修機会を提供し、研修終了後も継続的にオンラインや対面でパフォーマンス評価の事例を共有し、蓄積していけるE.FORUMというシステムをつくりだしている。

　そのような事例の一つが、京都府立園部高校附属中学校英語科の取り組みである。この学校では、各学年で数種類のパフォーマンス課題を設定し

ている。たとえば、中学3年のパフォーマンス課題はこんな課題だ。

> あなたたち2人は図書館でボランティアをしています。来館した子供たちに英語の本を読んであげることになりました。「The Fall of Freddie the Leaf」[邦題『葉っぱのフレディ』]を、内容がよく伝わるように、声に出して読んであげてください。

そして、この課題に対して、次のようなルーブリックがつくられている（いずれも5段階。下記は「5」の内容）。

- Delivery…Reads with a loud voice and good emotion. Expresses the feeling of the story well.
- Rhythm…Very good, natural rhythm. Pauses at the correct times, and reads the story smoothly.
- Pronunciation…Good pronunciation. Has little or no trouble with common mistakes: like L/R, TH/S, or V/B. is very easy to understand.

評価者は担当教師、ALTと生徒である。生徒たちもこのルーブリックを理解した上で評価に参加するのである（田中耕治『パフォーマンス評価』pp.169-176）。

ウィギンズとマクタイは、パフォーマンス課題をデザインする際に考慮すべき要素として、「ゴール」「役割」「相手（audience）」「状況」「完成作品・実演」「スタンダードと規準」という六つの要素を挙げた。上のパフォーマンス課題にはその全てが埋めこまれ、菅刈小の例以上に豊かなかたちで、パフォーマンス評価が「学習としての評価」になりえている。

おわりに〜パフォーマンス評価と教育課程改革

最後に、パフォーマンス評価と教育課程改革の関係に触れながら、パフォーマンス評価の今後の課題について述べておこう。

今日、パフォーマンス評価は、「思考力・判断力・表現力」を評価する方法として、指導要録の改訂に向けて出された中央教育審議会教育課程部会「児童生徒の学習評価の在り方について（報告）」（2010年3月）でも言及されるにいたっている。「思考力・判断力・表現力その他の能力」は、2007年に改正された学校教育法において、「基礎的な知識及び技能」「主体的に学習に取り組む態度」と並んで学力の3要素に位置づけられ、2008・2009年に改訂された学習指導要領でも目標として掲げられている。2007年というのはまた、「全国学力・学習状況調査」が開始された年でもある。

　パフォーマンス評価が、学校教育法や学習指導要領に定められた教育目標である「思考力・判断力・表現力」の評価方法として推奨されれば、学校に広く普及していく原動力となるだろう。それによって、客観テストだけでなく、学力や学習の質に応じた評価方法が使われるようになるとすれば、それは望ましいことである。

　しかしながら、パフォーマンス評価型の標準テストが全国学力・学習状況調査の一部として実施され、その結果が都道府県ごとだけでなく、市区町村ごと、さらには学校ごとに公表されるところが増えるなかで、パフォーマンス評価が「ハイステイクスなテスト」（テストに関与する当事者にとって重大な利害関係をもつテスト）になりつつあることは、決して望ましいことではない。

　ここで注意が必要なのが、「ルーブリックの落とし穴」である。パフォーマンス評価は本来、学力や学習の質を見るための評価だが、ルーブリックには質的なものを数値化する働きがある。いったん数値化されたデータは、＜観点別得点→合計点→集団の平均点・標準偏差など→集団間の順位＞といったプロセスをたどって、何段階にも縮約化され、抽象化されることになる。このプロセスの中で、個々の子どもの指導や学習に役立つ具体的な情報は失われていく。これが「ルーブリックの落とし穴」である。しかし、個々の子どもの個性的なパフォーマンスの質は、数値の中にではなく、もとのパフォーマンスの中にこそ存在する。ルーブリックは、パフォーマンスの質を見る教師（そして子どもの）鑑識眼を補助するツー

ルにすぎないのである。

　パフォーマンス評価のよさが最もよく発揮できるのは、「学習としての評価」として使われる場合だろう。「学習としての評価」とは、子ども自身が評価主体となることを促すとともに、学習経験としての豊かさも備えたような評価方法のことである。パフォーマンス評価では、評価に時間と労力がかかることが問題になるが、評価が単なる評価にとどまらずに学習としての価値も持つことになれば、この問題も軽減されるにちがいない。

　パフォーマンス評価が両刃の剣のどちらの刃を見せるのか。それは私たちの手にかかっている。

【文献一覧】

　　ウィギンズ, G.、マクタイ, J.（西岡加名恵訳）『理解をもたらすカリキュラム設計：「逆向き設計」の理論と方法』日本標準、2012年

　　ギップス, C. V.（鈴木秀幸訳）『新しい評価を求めて：テスト教育の終焉』論創社、2001年

　　田中耕治編著『パフォーマンス評価：思考力・判断力・表現力を育む授業づくり』ぎょうせい、2011年

　　松下佳代『パフォーマンス評価：子どもの思考と表現を評価する』（日本標準ブックレットno.7）日本標準、2007年

　　松下佳代「パフォーマンス評価による学習の質の評価：学習評価の構図の分析にもとづいて」『京都大学高等教育研究』第18号、2012年、pp.75-114

　　ライチェン, D. S.、サルガニク, L. H. 編著（立田慶裕監訳）『キー・コンピテンシー：国際標準の学力をめざして：OECD DeSeCo：コンピテンシーの定義と選択』明石書店、2006年

第13章 学校マネジメントと学校評価

滝沢　潤

はじめに

近年の教育改革の中では、それまで文部科学省（国）や教育委員会がもっていた権限を学校に委譲して、個々の学校が創意工夫を生かして学校運営をしていくことが求められている。そのため各学校では、子どもたちの育ちや地域の状況などを踏まえながら、教育課程を編成、実施すること、そして、よりよい教育活動を行うための評価が重要になっている。そこで、本章では、教育課程とその編成基準について確認した後、学校がより効果的、効率的な教育活動を行い、さらに改善を図るための学校マネジメント（学校経営）と学校評価について考えていく。

第1節　教育課程とその編成基準

　学校における日々の教育活動は、各学校の教育課程に基づいて行われている。この教育課程とは、学校における教育活動を行うための計画であり、一般に次のように定義される。すなわち、教育課程とは、「学校教育の目的や目標を達成するために、教育の内容を児童の心身の発達に応じ、授業時数との関連において総合的に組織した学校の教育計画である」（『小学校学習指導要領解説　総則編』p.10）。つまり、学校教育は、目的や目標を達成するために、どのような内容（教科など）をどのような時間配分で行うかについての計画に基づいて行われるもので、その教育計画のことを教育課程とよぶのである。

　そこで、各学校は、「教育基本法及び学校教育法その他の法令並びにこの章以下に示すところに従い、児童の人間として調和のとれた育成を目指し、地域や学校の実態及び児童の心身の発達の段階や特性を十分考慮して、適切な教育課程を編成する」（『小学校学習指導要領』第1章　総則　第1　教育課程編成の一般方針）。このように、教育課程は各学校において編成されるが、それは、独断的に行われるものではなく、教育基本法、学校教育法

などの法令や学習指導要領（後述）にしたがって行われるものである。さらに、それぞれの地域や学校によって異なる実態（たとえば、地理的条件、歴史的社会的条件、学校規模など）や児童・生徒の発達や特性を考慮した教育課程の編成が求められているのである。

それでは、各学校において教育課程を編成する際の基準について整理しておこう。

既に述べたように、学校教育は目的、目標をもった意図的な活動であり、その目的、目標は、教育基本法に次のように定められている。

(教育の目的)
　第一条　教育は、人格の完成を目指し、平和で民主的な国家及び社会の形成者として必要な資質を備えた心身ともに健康な国民の育成を期して行われなければならない。

(教育の目標)
　第二条　教育は、その目的を実現するため、学問の自由を尊重しつつ、次に掲げる目標を達成するよう行われるものとする。
一　幅広い知識と教養を身に付け、真理を求める態度を養い、豊かな情操と道徳心を培うとともに、健やかな身体を養うこと。
二　個人の価値を尊重して、その能力を伸ばし、創造性を培い、自主及び自律の精神を養うとともに、職業及び生活との関連を重視し、勤労を重んずる態度を養うこと。
三　正義と責任、男女の平等、自他の敬愛と協力を重んずるとともに、公共の精神に基づき、主体的に社会の形成に参画し、その発展に寄与する態度を養うこと。
四　生命を尊び、自然を大切にし、環境の保全に寄与する態度を養うこと。
五　伝統と文化を尊重し、それらをはぐくんできた我が国と郷土を愛するとともに、他国を尊重し、国際社会の平和と発展に寄与する態度を養うこと。

さらに、学校教育法では、その第一条に規定されている各学校（幼稚園、

小学校、中学校、高等学校、中等教育学校、特別支援学校、大学および高等専門学校)の「目的」が定められている。たとえば、中学校の場合、「中学校は、小学校における教育の基礎の上に、心身の発達に応じて、義務教育として行われる普通教育を施すことを目的とする」(同法第45条)と規定されている。そして、義務教育については、第21条に10項目にわたってその「目標」が定められている。

　こうした、教育の目的、目標をふまえ、各学校の教育課程に関する事項については、文部科学大臣が定めるとされている(同法第33条など)。文部科学大臣は、この規定を受け、学校教育法施行規則において、教育課程の領域(小学校の場合、国語、算数などの「教科」と道徳、特別活動、総合的な学習の時間)、各学年の授業時数の標準などを定めている。そして教育課程に関するこれらの規定のほかは、教育課程の基準として文部科学大臣が別に公示する各学校の学習指導要領(幼稚園教育要領)によるものとされている(学校教育法施行規則第52条など)。

　以上、やや複雑な説明になったが、要約すれば、教育基本法や学校教育法において教育の目的、目標が定められ、学校教育法施行規則において、教育課程の領域や授業時数の標準、学習指導要領(幼稚園教育要領)が教育課程の基準であること、などが規定されている。

　教育課程の基準としての学習指導要領(文部科学省告示)は、上で見たように法律によって文部科学大臣に委任されたもので、法的拘束力があるとされ、文部科学省において作成される。学習指導要領の改訂は、文部科学省に置かれた中央教育審議会の答申を踏まえ、およそ10年に1度行われる。中央教育審議会に置かれた五つの分科会(教育制度、生涯学習、初等中等教育、大学、スポーツ・青少年)のうち初等中等教育分科会は主として、①初等中等教育の振興、②初等中等教育の基準、③教育職員の養成と資質の保持・向上、を所掌事務としている(文部科学省組織令第85条、中央教育審議会令第5条)。分科会内には②を専門的に審議する教育課程部会が置かれ、さらに、この中に各教科に関する専門部会や学習指導要領のあり方などを検討する特別部会が置かれている。

第2節 教育課程編成における教育委員会の役割

　これまで述べてきたように教育課程の基準の設定については、文部科学大臣および文部科学省がその権限をもっている。一方、都道府県・市町村（特別区含む）教育委員会には、学校が行う教育課程の編成・実施を管理する権限が与えられている（学校教育法第5条、地方教育行政の組織及び運営に関する法律〈以下、地方教育行政法と略記〉第23条第5項）。そこで、教育委員会は、一般に学校管理規則と呼ばれる教育委員会規則を定める。通常、学校管理規則では、教育課程の内容について立ち入った規定は設けられておらず、主として教育課程の編成や変更に関する手続きが定められている。たとえば、大阪市教育委員会の「大阪市立学校管理規則」は、教育課程の編成（同規則第3条）について「校長は、毎年、学習指導要領（幼稚園にあつては幼稚園教育要領）及び教育委員会が定める基準により、翌学年の教育課程を編成しなければならない。ただし、高等学校、特別支援学校並びに小学校及び中学校の特別支援学級の教育課程については、校長は、教育委員会の承認を受けなければならない。」と規定している。また、休業日（同規則第2条の2）については、国民の祝日や日曜日、土曜日、夏季休業日、冬季休業日、春季休業日以外に、校長（園長）は、特に必要と認めるときは、教育委員会の承認を受けて別に休業日を定めることや、教育委員会の承認を受けて、休業日を授業日とすることができると定められている。

　なお、教育委員会の事務局には「指導主事」を置くことになっている（地方教育行政法第19条）。指導主事は専門的教育職員であり、学校の教育課程、学習指導その他学校教育に関する専門的事項について所管の学校の教職員に指導・助言を行う。

第3節 教育課程と学校マネジメント

　すでに述べたように、学校の教育計画としての教育課程をより効果的、効率的に実施するためには、その計画、実施、評価、改善を関連づけた学校運営が求められる。こうした計画、実施、評価、改善を一つの循環過程として捉えるのが、マネジメント・サイクルである。現在は、計画（Plan）－実施（Do）－評価（Check）－改善・更新（Action）（＝PDCA）のマネジメント・サイクルを連続させて学校運営を行うことが重視されている。マネジメント・サイクルの各段階は、おおよそ次のようなものである。

　計画（Plan）段階では、学校や地域の実態を的確に把握して、学校が抱えている問題に直結した教育目標を設定し、その目標を達成する手段・方法、目標の達成度を図る観点や基準を設定した教育計画を作成する。

　実施（Do）段階では、教職員の配置、補充などの組織づくりや施設・設備の整備を行いつつ、教育目標の達成に向けて、児童・生徒の学習を指導する。

　評価（Check）段階では、実施段階の取り組みによって、教育目標がどの程度達成されたかについて、教育計画に盛り込んだ達成度を計る観点や目標に照らして評価する。

　改善・更新（Action）段階では、評価を踏まえて来年度の改善計画や研修計画などを策定する。

第4節 学校改善のための学校評価

1 『学校評価ガイドライン』における三つの評価

　上述のように、学校運営をマネジメント・サイクルにもとづいて行う際、評価、すなわち学校評価が重要な役割を果たしていることが分かる。なぜ

なら、学校の教育活動の現状を把握する学校評価によって、学校の改善状況や今後の学校運営のあり方が明らかになるからである。

　こうしたことから、2007（平成19）年に改正された学校教育法は、学校評価の義務化と、評価結果に基づく学校改善を規定した（同法第42条）。さらに、保護者らの理解を深め、連携・協力を進めるために教育活動その他の学校運営の状況に関して、積極的に情報を提供することとされた（同法第43条）。これらの規定をうけ、学校教育法施行規則で、自己評価とその結果の公表、評価項目の設定、自己評価を踏まえた保護者らの学校関係者評価、およびそれら評価結果の設置者への報告が規定された（同規則第66、67、68条）。

　文部科学省は、学校評価の一層の推進を図るために、2008（平成20）年1月に各学校での学校評価の目安となる事項と指針となるモデルとして『学校評価ガイドライン』を公表した。このガイドラインでは、学校評価の実施方法が「自己評価」「学校関係者評価」「第三者評価」の三つの形態に整理され、それぞれの評価の主体や方法が示された。「自己評価」は、PDCAサイクルに基づき精選された具体的かつ明確な重点目標の達成状況について各学校の教職員が行う評価である。「学校関係者評価」は、保護者、地域住民らの学校関係者などにより構成された評価委員会などが、自己評価の結果について評価することを基本として行う評価である。「第三者評価」は、学校と直接関係を有しない専門家らによる客観的な評価である。

　以上のような「自己評価」「学校関係者評価」「第三者評価」からなる学校評価を通じて、各学校の主体的な学校改善、設置者らへの評価結果報告による課題意識の共有と適切な支援、教職員や保護者・地域住民らとの課題意識の共有・相互理解の深化や、保護者等の学校運営の参画による開かれた学校づくりの推進が期待されている。ただし、文部科学省の学校評価ガイドラインは、あくまでも各学校や教育委員会の取り組みの参考となることを目的としており、地域や学校にあった学校評価となるようさまざまな工夫が行われている。

2 学校評価の好事例

　各学校で学校評価が行われる中で、次のような課題もある。例えば、学校評価は手間や労力がかかる割には活用できない、評価するだけで疲れてしまう、教職員の理解がえられず、学校評価よりももっと重要なこと（生徒と向き合うことや教材開発）があると指摘される、あるいは、保護者等との連携・協働は掛け声倒れで、思うように進まない、などである。こうした状況があるなかで、学校評価が教育活動や学校運営の改善につながっており、学校評価を保護者、地域とのコミュニケーション・ツールとして活用することで連携・協力が促されている。にもかかわらず学校評価が大きな負担となっておらず、校長等の一部に過度に依存したものではないという好事例がある。このような学校評価の好事例に共通する要素が、①目標の共有、②プロセスの設計、③チーム力ある組織、の三つである**（図）**。

図●学校評価の好事例に共通する三つの要素
（『各学校・設置者における学校評価の好事例の収集に係る調査研究：学校評価好事例集』より）

①目標の共有
・学校の目指す中期的なビジョンを教職員が共感し、日々の活動のなかで意識している。
・中期ビジョンを受けて1年単位の成果目標が具体的かつ重点化されている。

②プロセスの設計
・成果目標を達成するための取り組みが具体的かつ重点化されている。
・小さな成功体験や試行錯誤での仮説検証を繰り返し、少しずつ自信をつけながら、取り組みを改善している。

③チーム力ある組織
・特定の個人への依存ではなく、チームワークよく取り組んでいる。
・教職員が議論し、知恵を結集するなかで、納得の高い結論を導いている。

図に示された好事例の三つの共通要素は、いいかえれば、学校評価を充実したものとするためのポイントでもある。したがって、学校評価を教育活動・学校運営の改善につなげるためには、目標の共有、取り組みの重点化と成功体験の積み重ね、教職員の協働などが重要であることがうかがえる。ひいては、学校評価がこのような取り組みとなるような学校マネジメントが期待される。

第5節　学校マネジメントにおける課題

1　学校の危機管理

　学校は、保護や指導の必要な多数の児童・生徒が日中の大半を過ごす場所である。そのため、自然災害や火災、不審者の侵入や登下校時の犯罪などから児童・生徒をどのようにして守るかは、教育活動の大前提となる。また、学校での教育・学習活動が複雑な人間関係のなかで行われていることを思い起こせば、いじめ、暴力などの不測の事態が起こる可能性は否定できないであろう。これまで述べてきたように、各学校が教育課程を編成し、マネジメント・サイクルを重視しながら、学校評価に基づく学校改善を行っていくには、これらの問題への予防、対処の仕方、すなわち危機管理（安全管理）が確実になされている必要がある。

　もともと企業用語である危機管理（risk management）とは、悪い結果をもたらすかもしれない危険性や損害・損失を最小限に抑えるための方策（予防措置と事後措置）のことをいう。学校における危機管理には、たとえば、地震や台風の被害を最小限にとどめるための準備や訓練をしておくことがあり、これは予防措置にあたる。また、児童・生徒が授業中に大けがをした場合などに2次的な被害を回避しつつ応急処置をし、保護者や関係機関へ連絡すること、そしてその後に、原因を究明し、指導や安全確保の改善を図ることは事後措置にあたる。

東日本大震災に関しては、危機管理について、たとえば、次のような成果と課題があった。地震発生時の初期対応として70％以上の学校などで「机の下に潜り、机の脚を持った」、40％以上で「大きな柱のそばで身の低い姿勢をとるなど、場所や状況に応じた」行動がとられており、普段の避難訓練の成果が現れているとともに、その重要性が明らかになっている。また、危機管理マニュアルに避難行動を規定していたり、避難訓練を行ったりしていた学校ほど、「恐怖と不安でパニックになった」割合が少なかった。津波対策については、情報収集と、とにかく素早く高台へ避難することが求められるが、避難経路の安全が確保できない場合があった。防災教育においては、災害からの身の守り方については80％以上の学校で実施されているものの、災害の発生の仕組みや地域で過去に発生した災害、地域でおこるとされている災害の学習が少なかった。

　以上を踏まえれば、近い将来、地震や津波による大きな被害が予想される現状にあっては、平時における避難経路の安全点検と避難場所への複数の経路の確保、被災時における複数の手段による素早い情報収集と状況に応じた的確な判断が求められる。また、津波の危険性がわずかでも考えられる学校では、避難場所を特定して訓練を行うことが必要である。そして、自ら危険を予測し、回避するための「主体的に行動する態度」と「共助・公助」の精神を育成する防災教育が強く求められている。学校では、防災・安全教育の時間が限られていることから、関連する教科などで指導時間を確保すること、児童・生徒らの発達の段階や学校の立地状況などに応じた具体的な指導計画を作成・実施することが、現在の教育課程編成や学校マネジメントにおける重要なテーマとなっている。

2　保護者と学校との連携・協力の課題

　現在、学校は、学校評価における学校関係者評価や保護者・地域住民の学校参加制度（学校評議員、学校運営協議会）などを通じて、保護者・地域住民との共同による学校運営が期待されている。その一方で、教師や学校に対する保護者（親）、地域住民からの理不尽な要求・抗議（クレーム、無

理難題要求）が大きな問題となっている。理不尽な要求や抗議の例としては、「うちの子には自宅で掃除をさせていないので、学校でもさせないでほしい」「子ども同士のささいなトラブルなのに、『相手の子どもを転校させてほしい』と要求」「子どもが自転車でお年寄りに接触する事故を起こした際、『学校の自転車指導に問題』と主張」「気に入らない教師の悪口を子どもたちに触れ回る」などがある。

　近年、こうした理不尽な要求・抗議をする保護者が「モンスター・ペアレント」と呼ばれ大きく取り上げられるとともに、この対応に苦慮し、追いつめられる教師、学校が増加している。そこで、クレーム対応マニュアルの作成や教員の研修、専門職員の配置、警察との連携や弁護士への相談体制の整備などが行われている。

　しかし、保護者らの理不尽な要求・抗議に対して、保護者の人格を全面否定する「モンスター」という言葉でレッテルを貼り保護者を非難する、あるいは逆に学校が全面的に責任を負うだけでは問題の根本的な解決には至らないであろう。上記した取り組みに加えて、日頃から保護者の話にじっくりと耳を傾け、相談に乗ることを通じて信頼関係を築くこと、理不尽な要求・抗議の根底にある保護者の不安やストレス、抱えている問題を読み取る姿勢が欠かせないであろう。

　理不尽な要求・抗議への取り組みには、子どもの成長・発達を促すために、学校と保護者・地域住民がどのように連携を図っていくのかが問われている。いいかえれば、教育課程の編成・実施や学校評価を通じて、保護者・地域住民と信頼関係を構築し、学校の諸課題に共同で取り組むための関係づくりが学校マネジメントに求められていると言えよう。

【文献一覧】
　岡本徹・佐々木司編著『新しい時代の教育制度と経営』（シリーズ現代の教職5）ミネルヴァ書房、2009年

小野田正利『親はモンスターじゃない！：イチャモンはつながるチャンスだ』学事出版、2008年

牧昌見編著『講座学校の危機管理』学事出版、2000年

木岡一明『新しい学校評価と組織マネジメント：共・創・考・開を指向する学校経営』第一法規、2003年

田代直人・佐々木司編著『新しい教育の原理：現代教育学への招待』ミネルヴァ書房、2010年

野村総合研究所『各学校・設置者における学校評価の好事例の収集・共有に関する調査研究事例集』（文部科学省「学校の第三者評価の評価手法等に関する調査研究」）2010年

文部科学省『小学校学習指導要領解説：総則編』東洋館出版社、2008年

文部科学省『「東日本大震災を受けた防災教育・防災管理等に関する有識者会議」最終報告』2012年

文部科学省『平成23年度東日本大震災における学校等の対応等に関する調査：報告書』2012年

終章

教育課程の課題

山内紀幸

はじめに

　こんなニュースや記事を目にしたことはないだろうか。「日本の子どもたちの学力低下を招いたのは『ゆとり教育』である」「『ゆとり世代』が会社をダメにする」といった「ゆとり教育」へのバッシング。「ゆとり教育」を主犯とみなす学力低下論争は、ここ10数年マスコミをにぎわせてきた。こうした批判を文部科学省も無視できなくなり、2011（平成23）年度から本格実施された、2008（平成20）年改訂の「学習指導要領」では、「ゆとり教育」の見直しが図られた。また、最近は学力向上を目指して、「学校5日制をやめて学校6日制に戻そう」という議論までなされはじめている。こうした現象は、「教育課程」に対する国民的な関心の高まりとしてとらえることができる。

　しかし、こうした「教育課程」の議論は、果たして生産的なのか。子どもの学習時間を増やせば、本当に子どもたちの学力は向上するのか。これまでの各章のトピックにも触れながら、この章では、教育課程の今後の課題について述べていく。

第1節　教育課程をめぐる論争

1　学力低下論争

　「生きる力」を理念とした1998（平成10）年の「学習指導要領」の改訂からまもなくして、「ゆとり教育」を問題視する論考がみられるようになってきた。その口火を切ったのは、1998年にマスコミに大きく取り上げられた、日本数学学会が行った調査結果であり、大学生が小中学校レベルの数学問題ができないというものであった。ここでは、大学の少数科目入試に並んで、「ゆとり教育」がやり玉に挙げられた。

　さらに、これに追い打ちをかけたのが、OECDの実施した国際学力調査

「生徒の学習到達度調査（PISA〈ピザ〉）」における日本の国際順位の低下であった。2000年の第1回PISA調査で、科学的リテラシーで2位、読解力で8位、数学的リテラシーで1位だった順位が、2003年の第2回PISA調査では、それぞれ6位、14位、2位まで順位を下げた。

そして2007年末に発表された2006年のPISA調査結果。科学的リテラシーで6位、読解力で15位、数学的リテラシーで10位といずれも順位を下げた。2回連続の順位の下降によって、日本の学力は明らかに下がってきているという危機感が増した。

こうした流れの中で、さまざまな論者が参戦した、「ゆとり教育」の是非を問う「学力低下論争」が巻き起こる。

「ゆとり教育」とは狭義には、「学習指導要領」の1977（昭和52）年改訂から1998（平成10）年改訂までの教育課程を示している。この間、それまでの知識の詰め込み過ぎの状況を改善していくために、授業時数と教育内容が段階的に削減されてきた。しかし、近年の論争では、「ゆとり教育」はより広義になり、「知識詰め込み教育」との対立軸で幅広くとらえられるようになってきた。中井はそれを**表1**のようにまとめている。

ここでは、A側、B側ともに、授業時数と教育内容の増減の問題にとどまらない、近年の教育改革にかかわるすべての事項が含み込まれている。知識偏重 vs 生きる力、基礎基本 vs 体験、画一的 vs 個性的、受験戦争 vs 学びからの逃走、平等 vs 不平等、規制 vs 規制緩和、など、複雑多岐な教

表1●近年の「学力低下論争」の対立軸　（『論争・学力崩壊2003』より一部改変）

A「知識詰め込み」教育	B「ゆとり」教育
知識偏重	「生きる力」、問題解決型
基礎・基本重視	体験学習、総合的学習の時間
画一的で詰め込み	個性、多様性、選択
受験地獄で学歴社会	「学び」からの逃走、目標なく勉強せず
平等、教育の機会均等	不平等、階層の格差拡大
規制、中央集権、全国一律	規制緩和・撤廃、地方分権、地域格差拡大

育問題が、この論争のなかに包含されていったのである。

　それらは、いわゆる「ゆとり教育」世代において進められてきた教育観やカリキュラムに対する、A側の「昔に戻れ」あるいは「いまのままで」という「反動」として読み解くことができる。確かにこの論争には、所得の階層化や地域格差によって学力差が生まれているという新しい視点も持ち込まれた。しかし、基本的には、「教科主義」と「経験主義」との二項対立の中での議論であった。「教科主義」（あるいは「系統主義」）とは、子どもにより多くの知識を教授していこうとする教師中心の教育観、「経験主義」とは、子どもの自発性や興味関心を重視する子ども中心の教育観である。

2　繰り返される往還運動

　この「学力低下論争」での対立軸である「教科主義」と「経験主義」の議論は、実は戦後の「教育課程」の議論の対立軸でもあった。つまり、戦後から繰り返されてきた古くて新しい議論なのである。授業内容・時数の増減をy軸に、「教科主義」「経験主義」の二つの教育観をx軸に、戦後の「学習指導要領」の変遷を示せば、**図1**のようになる。

　それぞれの「学習指導要領」の特徴についての詳細は、第1章を見ていただきたいが、ここでは**図1**を解説するために簡単に説明を加えておく。

　戦後、1947（昭和22）年に、「学習指導要領」は経験主義を重視してスタートした。しかし、朝鮮戦争、スプートニクショックを契機に、軍事産業を支えるハイタレント育成、科学技術水準の向上のための、教科主義が台頭してくる。1968（昭和43）年改訂では、教科主義の下、授業内容・時数が最大化した。その後、非行、校内暴力、いじめといった教育問題の一因として「詰め込み教育」が挙げられ、教授から子どもの学習中心へ軸が移り、授業内容・時数の削減が図られていく。1998（平成10）年改訂で再び経験主義がうたわれるようになり、戦後最低の教育内容・時数となった。

　そして、先に述べたように、今回の「学力低下論争」は、まさにその反動として勃発し、ついには2008（平成20）年の改訂へと至ることになる。

図1●往還運動からみた戦後の「学習指導要領」の位置 （筆者作成）

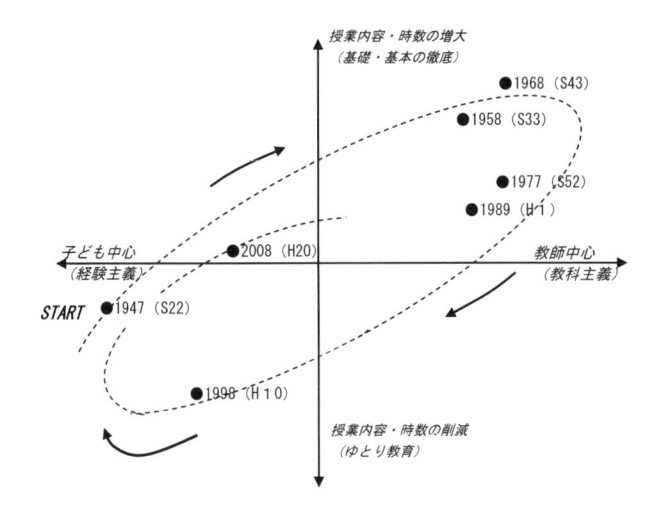

　私たちは、このまま、往還運動を繰り返し、1968（昭和43）年改訂のような授業内容・時数の増大と教科主義の強化へと突き進んでいくべきなのか。筆者は、そうは思わない。私たちが問うべきは、こうした「授業内容・時数の増減」と、「教科主義 vs 経験主義」の座標軸にとらわれない議論を展開していくことである。

第2節　変わる学力観

1　国際学力指標となったPISA調査

　多くの論者が、「ゆとり教育」によって日本の国際学力順位が下がったと指摘する。しかし、問題にされている2000年開始の国際学力調査「生徒の学習到達度調査（PISA）」と、かつて日本がトップクラスを自負していた1964年開始の「国際数学・理科教育動向調査（TIMSS〈ティムズ〉）」とでは、実は問題が大きく異なっている（**表2**）。

表2 ●TIMSSとPISAの問題　（『PISAの問題できるかな』より）

TIMSSの数学の問題	PISAの数学的リテラシーの問題（ゴミ）
$\dfrac{12}{n} = \dfrac{36}{21}$ のときnの値は次のどれですか ① 　3 ② 　7 ③ 　36 ④ 　63	環境に関する宿題として、生徒たちは、人々が捨てたゴミの分解時間について、種類ごとに情報を集めました。 | ゴミの種類 | 分解時間 | |---|---| | バナナの皮 | 1〜3年 | | オレンジの皮 | 1〜3年 | | ダンボール箱 | 0.5年 | | チューインガム | 20〜25年 | | 新聞 | 数日 | | ポリエスチレンのコップ | 100年以上 | 　ある生徒は、この結果を棒グラフで表すことにしました。これらのデータを表すのに棒グラフが適していない理由を一つ挙げてください。

表3 ●PISAのリテラシーの定義　（『PISA 2009年調査評価の枠組み』より）

科学的リテラシー
- 疑問を認識し、新しい知識を獲得し、科学的な事象を説明し、科学が関連する諸問題について証拠に基づいた結論を導き出すための科学的知識とその活用
- 科学の特徴的な諸側面を人間の知識と探究の一形態として理解すること
- 科学とテクノロジーが我々の物質的、知的、文化的環境をいかに形作っているかを認識すること
- 思慮深い一市民として、科学的な考え方を持ち、科学が関連する諸問題に、自ら進んで関わること

読解リテラシー
　自らの目標を達成し、自らの知識と可能性を発達させ、効果的に社会に参加するために、書かれたテキストを理解し、利用し、熟考し、これに取り組む能力

数学的リテラシー
　数学が世界で果たす役割を見つけ、理解し、現在及び将来の個人の生活、職業生活、友人や家族や親族との社会生活、建設的で関心をもった思慮深い市民としての生活において確実な数学的な根拠にもとづき判断を行い、数学に携わる能力

TIMSS調査は、いわば、高校入試やセンター試験で問われるような、正答が一つの問題である。他方、PISA調査の問題は、文脈によって複数の正解がでるような、日本ではあまり見慣れない問題である。PISA調査の学力調査の基盤となっている「科学的リテラシー」「読解リテラシー」「数学的リテラシー」は、日本の高校受験や定期テストで測られるような、計算のスピードや正確さ、細かな知識量を問うものでなく、それらの実生活での活用とその評価に焦点が当てられた広義のリテラシーである。PISA調査で測られるこうしたリテラシーは、**表3**のように定義されている。確かに、これらのリテラシーは、教師たちによる魅力ある授業実践の中で無意図的に育成されることはあったかもしれない。しかし、教育課程論としては、いままでの日本の学校教育において、こうしたリテラシーが正当に位置づけられることはなかったし、評価の対象にすらなってこなかったのである。

2　DeSeCoプロジェクト

　グローバリゼーションによるポスト産業主義社会への移行に伴い、2020年には製造業に携わるOECDの労働者は10％から2％に激減するといわれている。これを受けてOECD加盟国は、国際的な学力指標をそれまでのTIMSSからPISAへシフトしつつある。

　OECD加盟国がなぜ2000年代に入ってPISA調査を重視し始めたのか。それはPISA調査の学力観への信頼性によるものである。OECDは、1997年から始めた「コンピテンシーの定義と選択（DeSeCo〈デセコ〉）」（Definition and Selection of Competencies）プロジェクトにおいて、「コンピテンシー」の定義についての、国際的な合意を得ることに成功したのである。

　これまでは、読み書き計算といった伝統的な技能の習得、各教科の習得が近代の経済や社会における成功に重要な要素であるという広く固定化した考え方があった。しかし、こうしたものが、果たして人間的な発達、社会の進展、政治的な活動、経済的な活動に十分な成果を与えてきたのか疑問視されるようになってきたのである。

図2 ●DeSeCoキー・コンピテンシーの3つの広域カテゴリーと核心としての思慮深さ
(『キー・コンピテンシー』より。一部改変)

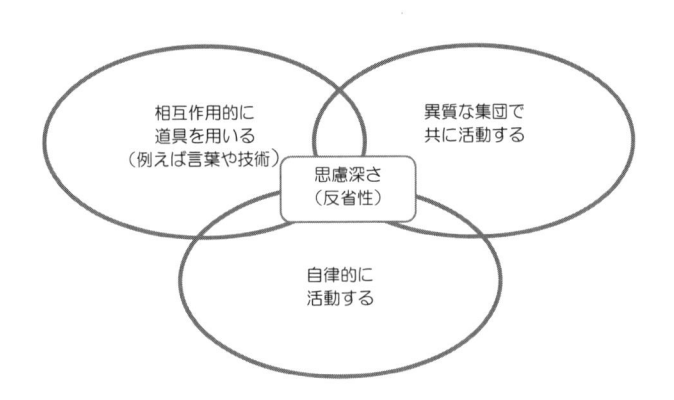

```
    ┌─────────────┐      ┌─────────────┐
    │ 相互作用的に │      │  異質な集団で │
    │  道具を用いる │      │  共に活動する │
    │(例えば言葉や技術)│   │             │
    └──────┬──────┘      └──────┬──────┘
           │    ┌──────────┐    │
           └────│ 思慮深さ  │────┘
                │ (反省性) │
           ┌────└──────────┘
    ┌──────┴──────┐
    │  自律的に    │
    │  活動する    │
    └─────────────┘
```

表4 ●キー・コンピテンシーと関連するリテラシー (『キー・コンピテンシー』より)

3つの広領域カテゴリー	キー・コンピテンシー	関連するコンピテンシー・リテラシー
カテゴリー1 相互作用的に道具を用いる ＜必要な理由＞ ・技術を最新のものにし続ける ・自分の目的に道具を合わせる ・世界と活発な対話をする	1A 言語、シンボル、テクストを相互作用的に用いる力	・さまざまな状況において話す書くといった言語的なスキル ・コミュニケーション能力 ・PISA読解リテラシー ・PISA数学的リテラシー ・ALL計算リテラシー
	1B 知識や情報を相互作用的に用いる力	・PISA科学的リテラシー ・何が分かっていないか知る ・適切な情報源を特定し、位置づけ、アクセスする（サイバーベース含む） ・情報源やその情報の質、適切さ、価値を判断する ・知識と情報を整理する
	1C 技術を相互作用的に用いる力	・メディアリテラシー ・技術の実践への活用

DeSeCoプロジェクトでの検討の結果としてまとめ上げられたのが、**図2**である（第3章でも触れている）。三つの広域カテゴリーの中に関連するキー・コンピテンシーが設定されると同時に広域カテゴリー同士も相互に影響しあうものとして概念化されている。さらにこれらを支える基本部分として、「思慮深さ（反省性）」がある。思慮深さは、考える者が他者の立場に立つことを要求すると同時に、批判的なスタンスをとることや創造的な活動へと結びつくメタ認知（考えることを考える）を含みこんでいるとされている。

　三つの広域カテゴリーにおいてさらに具体化されたキー・コンピテンシーは、**表4**の通りである（ここでは、カテゴリー1の「相互作用的に道具を用いる」のみ掲載）。先に挙げた、科学的リテラシー、読解リテラシーは、「1A　言語、シンボル、テクストを相互作用的に用いる力」の中で、数学リテラシーは、「1B　知識や情報を相互作用的に用いる力」に位置づけられている。

第3節　教育課程の課題

1　不毛な議論からの脱却〜「コンピテンシー」を策定すること

　今後の日本の教育のあり方を考えるのであれば、私たちは、**表1**に示したような「学力低下論争」における二項図式や、**図1**に示したような「経験主義」「教科主義」あるいは「基礎基本」「ゆとり教育」という座標上の議論から離れるべきであろう。

　教育現場を経験すれば分かることであるが、「時間をかければ」「たくさん教えれば」頭がよくなるというのは、ある種の幻想である。授業は、時数の増減よりも、教え方・導き方といった授業実践こそが、子どもの学習成果に大きな影響を与える。退屈な授業をいくら聞いてもなんの意味もない。たとえ時間が短くとも、子どもたちが身を乗り出すような効果的な授

業を行うことの方が、よっぽど身になる。

「経験主義」のように、実体験させたり、観察や実験を行うことの方が、子どもの学ぶ意欲を促進させることもあるし、「教科主義」のように徹底した反復やドリル活動が必要な場合もある。「経験主義」「教科主義」あるいは「基礎基本」「ゆとり教育」というのは、授業論としていずれもよく用いられる授業スキルであり、それぞれの強弱はあるだろうが教師はそれらを組み合わせながら、授業を構成しているのである。

重要なのは、そうしたスキルによって「どのようなコンピテンシー（能力）を育てたいのか」という議論である。ちなみに、ここでいう「コンピテンシー」とは、「学習指導要領」にうたわれている「生きる力」でも「問題解決能力」でもない。「生きる力」は、総花的すぎてほとんど役に立たない能力である。「問題解決能力」は、悲しいことに理科の教科でしか扱われず、しかも、子どもが自然現象を観察・実験を行って、ペーパーにまとめていくという、狭い科学手続きの意味でしかない。

日本には、本当に学校現場で使える「コンピテンシー」がほとんどない。そんな中で、全国の日本の教師たちは、単元ごとに配列されている習得すべきコンテンツ（教育内容）を、いかに効果的に教え込むことができるのかということばかりに必死になっていく。もちろん、「コンピテンシー」を策定しないのは文部科学省の不作為でもあるが、逆に、教師側もコンテンツさえ教えていれば文句は言われないという、相互依存の関係にもなっている。

PISA調査で常に世界のトップクラスにいるフィンランドは、1994年に重要な「コンピテンシー」として「学び方を学ぶこと」「学習に対する意欲」「コミュニケーション・コンピテンシー」を挙げ、これらをさらに細分化した「コンピテンシー」を策定した。フィンランドは、このとき、国の権限を大幅に地方に委譲し、教科書検定の廃止、授業時数の弾力的運用などを行った。国は、枠組みである「コンピテンシー」を決め、その指標をつくり、モニタリングを行う。他方で、コア・コンテンツの分量を3分の1まで減らし、地方や現場にその他のコンテンツや運営方法を委ねたの

である。

　まずは、議論によって、「コンピテンシー」とそのサブカテゴリー（＝リテラシー）を策定すべきである。それにより、コンテンツをできる限りミニマムにして、「学習指導要領」を再構成していくべきである。「コンピテンシー」により、コンテンツの呪縛を解き放たなければならない。

2　深刻な教育現実〜教育評価と教育方法を編みなおすこと

　PISA調査の国際順位で一喜一憂したり、週5日制を見直して授業時間数を増やすことに躍起になることよりも、その前にもっと深刻にとらえなければならない教育現実がある。それは、2006年に行われたPISA調査の15歳の生徒へのアンケート結果である。これは、先に見た学力テストと同時に実施された。

　このアンケート結果の中で、日本の生徒の学習に対する傾向が浮き彫りになった。「科学の学習が自分の役に立っている」あるいは「将来役に立つから勉強している」という科学への興味・関心を示すスコアが、OECD非加盟国も含めた全56カ国で55位。「将来、科学にかかわる仕事がしたい」という理科学習に対する動機づけのスコアでは、全56カ国中最下位であったのである。

　さらに、こんなアンケート結果もある。日本の生徒がPISA調査のテストにどれだけ真剣に取り組んだかを示す努力値のスコアは、OECD主要国で最低を示した。しかし、日本のその生徒たちに、「学校の成績に含まれるとどうか」と尋ねると、どの国よりこの努力値が上昇したのである。

　これは、国際比較のアンケートで浮き彫りにされた衝撃的な日本の教育現実である。つまり、日本の義務教育をほぼ終えようとしている15歳にとって、学校での学習は現在や将来の自分のためにあるというよりも、テストや内申書のためにあるという事実である。

　ここで、再度「コンピテンシー」に戻りたい。図3に示す通り、「コンピテンシー」は、これまでの「知っている（知識）」や「できる（スキル）」だけでなく、「活用」と「成果の診断」を含みこんだホリスティック

図3●コンピテンシーの基本構造　(『キー・コンピテンシー』より)

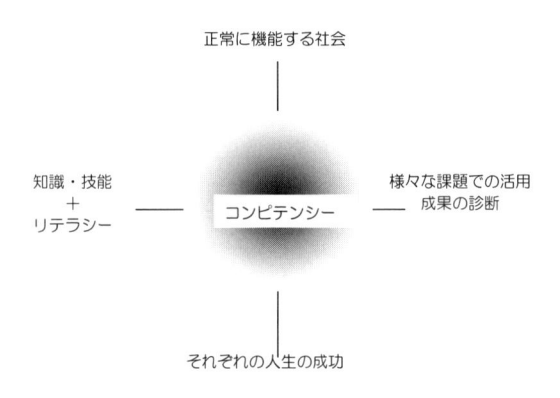

```
                    正常に機能する社会
                           │
  知識・技能                │              様々な課題での活用
     ＋       ──── コンピテンシー ────      成果の診断
  リテラシー               │
                           │
                    それぞれの人生の成功
```

な力である。「特定の状況の中で（技や態度を含む）心理社会的な資源を引き出し、活用することによって、より複雑な要求に応じる力」（OECD 2005:4＝2007:201）とされている。「コンピテンシー」はさらに、「正常に機能する社会」にも「それぞれの人生の成功」にも資するものでなくてはならない。これは、まさしく、日本の教育を考える際の一つの羅針盤となる考え方である。その重要性については、おそらく多くの日本人も納得してくれるに違いない。「総合的な判断ができない」「応用力がない」「現場で役に立たない」「問題を解決していく力がない」という批判は、いつの時代も聞かれる若者論であるし、今のグローバルな時代においてはその欠如は切実な問題でもあるからである。

　ただ、前項で触れたように、「コンピテンシー」を策定すれば、全てが解決されるわけでは決してない。それに伴って、二つの課題が発生してくるのである。

　第1に「コンピテンシー」はそれだけを測ろうとしても直接測れるものではないという点である。さまざまな課題、多数の要求といった、いわば、現実世界との対峙のなかでのパフォーマンスを通じてのみ推察できるということである。PISA調査においても、「コンピテンシー」の一部を明らか

にするにすぎない。PISA調査では、実際のパフォーマンス評価を考慮できないからである。それでもPISA調査はできるだけ実生活からの素材をもとに、言語や知識や情報の相互的な活用の姿をとらえようとしている点は注目すべきである。重要なことは、実生活を通じた活動・素材をもとにしたモニタリングである。こうした点からも、12章のパフォーマンス評価は注目に値する。

第2に、こうしたホリスティックな力がどのようにして育成されるのかという授業論、教育方法論の課題である。さまざまな課題・多数の要求に対して、子どもたちが、それらの問題の整理・中心化、解決の筋道の予測、解決のための行為を行っていくことは、いったいどのような授業から可能となっていくのか。板書してプリントを配って答えさせるという旧来型の教育方法だけでなく、子どもたちが問題解決の当事者となり、あらゆる資源や知識を動員していくようなダイナミックな授業が必要であろう。そのための環境設定、教師の振る舞い、授業展開はどのようにしていくべきなのか。4章の教育環境、5章の学習スタイル、8章の協同する授業、9章のプロジェクト活動の論考の中にもヒントが隠されているように思う。

おわりに

教育課程は、教員養成の教職教養として、教師集団の専門用語としてだけにあるのではない。先に見た学力低下論争のように、国民的な関心事にもなっているし、私たちの身近な問題でもある。街中では、「ゆとり教育」の弊害を声高にいう人もいるし、「知識詰め込み」教育の非人間性を語る人もいる。こうした意見は、戦後の「学習指導要領」の対立軸であり、これからも折り合わない不毛な議論が続いていくかもしれない。

日本の教育課程の議論が、前に進まないのは、なによりも子どもたちにどのような能力に身につけさせるのか、いわゆる「コンピテンシー」を具体的に策定してこなかったためである。その穴を埋めるように、文科省の決めた「コンテンツ」をただひたすら教え込むことだけに終始してしまう風土がつくりあげられてきた。

ただ、PISA調査のアンケートで明らかになったように、子どもたちは自分の将来よりもテストのために学習を行っているという悲しい教育現実に、そろそろ日本の私たちは目を向けるべきではないだろうか。その現実に向き合い、それを打破していくための第一歩として、本書の各章が礎となってほしいと願っている。

【文献一覧】

　OECD（国立教育政策研究所監訳）『PISA 2006年調査評価の枠組み：OECD生徒の学習到達度調査』ぎょうせい、2007年

　OECD（国立教育政策研究所監訳）『PISA 2009年調査評価の枠組み：OECD生徒の学習到達度調査』ぎょうせい、2010年

　OECD（国立教育政策研究所監訳）『PISAの問題できるかな：OECD生徒の学習到達度調査』明石書店、2010年

　中井浩一編『論争・学力崩壊2003』（中公新書ラクレ）中央公論新社、2003年

　山内紀幸「グローバル社会における学力：コンテンツからコンピテンシーへ」田中智志編著『グローバルな学びへ：協同と刷新の教育』東信堂、2008年、pp.195-234

　山内紀幸「『学びの楽しさ』の舞台作り：出会い／当事者／対話／思考／達成」田中智志編著『学びを支える活動へ：存在論の深みから』東信堂、2010年、pp.177-193

　ライチェン, D. S.、サルガニク, L. H. 編著（立田慶裕監訳）『キー・コンピテンシー：国際標準の学力をめざして：OECD DeSeCo：コンピテンシーの定義と選択』明石書店、2006年

【監修者紹介】

田中智志（たなか・さとし）
　　1958年生まれ
　　1990年　早稲田大学大学院文学研究科博士後期課程満期退学
　　現在：東京大学大学院教育学研究科教授、博士（教育学）
　　専攻：教育学（教育思想史、教育臨床学）
　　主要著書：『キーワード 現代の教育学』（共編著）東京大学出版会
　　　　　　　『社会性概念の構築―アメリカ進歩主義教育の概念史』東信堂
　　　　　　　『学びを支える活動へ―存在論の深みから』（編著）東信堂
　　　　　　　『プロジェクト活動―知と生を結ぶ学び』（共著）東京大学出版会
　　　　　　　『教育臨床学―〈生きる〉を学ぶ』高陵社書店

橋本美保（はしもと・みほ）
　　1963年生まれ
　　1990年　広島大学大学院教育学研究科博士課程後期中途退学
　　現在：東京学芸大学教育学部教授、博士（教育学）
　　専攻：教育学（教育史、カリキュラム）
　　主要著書：『明治初期におけるアメリカ教育情報受容の研究』風間書房
　　　　　　　『教育から見る日本の社会と歴史』（共著）八千代出版
　　　　　　　『プロジェクト活動―知と生を結ぶ学び』（共著）東京大学出版会
　　　　　　　『新しい時代の教育方法』（共著）有斐閣

【編者紹介】

山内紀幸（やまうち・のりゆき）
　　1972年生まれ
　　1999年　広島大学大学院教育学研究科博士課程後期単位取得退学
　　現在：山梨学院短期大学保育科教授、博士（教育学）
　　専攻：教育学（教育哲学、教育課程論）
　　主要著書：『ナラティブとしての保育学』（共著）萌文書林
　　　　　　　『グローバルな学び―協同と刷新の教育』（共著）東信堂
　　　　　　　『学びを支える活動へ―存在論の深みから』（共著）東信堂

【執筆者紹介】

山内紀幸（やまうち・のりゆき）〔序章、終章〕
　　【編者紹介】参照

本田伊克（ほんだ・よしかつ）〔第1章、第2章〕
　　1973年生まれ
　　2009年　一橋大学大学院社会学研究科博士後期課程修了
　　現在：宮城教育大学准教授、博士（社会学）
　　専攻：教育学（教育課程論、戦後民間教育研究運動史）

梶原郁郎（かじわら・いくお）〔第3章〕
　　1969年生まれ
　　2003年　東北大学大学院教育学研究科博士後期課程単位取得退学
　　現在：愛媛大学教育学部准教授
　　専攻：教育学（教授学習科学）

前田洋一（まえだ・よういち）〔第4章〕
　　1957年生まれ
　　1994年　福井大学大学院教育学研究科修士課程学校教育専攻修了
　　現在：鳴門教育大学大学院学校教育研究科高度学校教育実践専攻教授
　　専攻：教育学（教育評価、カリキュラム開発）

伊藤朋子（いとう・ともこ）〔第5章〕
　　1957年生まれ
　　2005年　奈良女子大学大学院人間文化研究科博士後期課程修了
　　現在：大和大学教育学部准教授、博士（文学）
　　専攻：教育学（教育哲学、教育方法学）

開　仁志（ひらき・ひとし）〔第6章〕
　　1973年生まれ
　　2005年　富山大学大学院教育学研究科修了
　　現在：金沢星稜大学人間科学部准教授
　　専攻：教育学（教師教育学）

三浦和美（みうら・かずみ）〔第7章〕
　　1957年生まれ
　　2013年　東北大学大学院教育情報学教育部博士後期課程修了
　　現在：東北福祉大学大学院教育学研究科准教授、博士（教育情報学）
　　専攻：教育学（教育情報学）

高橋英児（たかはし・えいじ）〔第8章〕
　　1971年生まれ
　　1999年　広島大学大学院教育学研究科博士課程後期単位取得退学
　　現在：山梨大学大学院教育学研究科准教授
　　専攻：教育学（教育方法学、教育課程論、生活指導論）

上田敏丈（うえだ・はるとも）〔第9章〕
　　1974年生まれ
　　2002年　広島大学大学院教育学研究科博士課程後期単位取得後退学
　　現在：名古屋市立大学大学院人間文化研究科准教授
　　専攻：教育学（保育・幼児教育学）

北川　明（きたがわ・あきら）〔第10章〕
　　1945年生まれ
　　1973年　広島大学大学院教育学研究科博士課程単位取得中途退学
　　現在：高知県立大学名誉教授
　　　　　徳島文理大学人間生活学部児童学科教授
　　専攻：教育学（教育哲学）

瀬端淳一郎（せばた・じゅんいちろう）〔第11章〕
　　1967年生まれ
　　2003年　信州大学大学院教育学研究科修士課程修了
　　現在：山梨学院大学附属小学校教務主任
　　専攻：教育学（教育方法学）

松下佳代（まつした・かよ）〔第12章〕
　　1960年生まれ
　　1991年　京都大学大学院教育学研究科博士後期課程研究指導認定退学
　　現在：京都大学高等教育研究開発推進センター教授、博士（教育学）
　　専攻：教育学（教育方法学、大学教育学）

滝沢　潤（たきざわ・じゅん）〔第13章〕
　　1971年生まれ
　　1999年　広島大学大学院教育学研究科博士課程後期単位取得退学
　　現在：大阪市立大学大学院文学研究科准教授
　　専攻：教育学（教育行政学、教育制度学）

新・教職課程シリーズ　**教育課程論**

2013年9月15日　第1刷発行
2015年3月30日　第2刷発行

監修者　田中智志・橋本美保
編著者　山内紀幸
発行者　菊池公男

一藝社

〒160-0014　東京都新宿区内藤町1-6
Tel. 03-5312-8890　Fax. 03-5312-8895
E-mail : info@ichigeisha.co.jp
HP : http://www.ichigeisha.co.jp
振替　東京00180-5-350802

©Satoshi Tanaka, Miho Hashimoto, 2013 Printed in Japan
ISBN 978-4-86359-058-8　C3037　印刷・製本/シナノ書籍印刷
乱丁・落丁本はお取り替えいたします。

一藝社の本

新・教職課程シリーズ［全10巻］

田中智志・橋本美保◆監修

《一流執筆陣による新カリキュラムに対応した新シリーズ、ついに刊行！》

※各巻平均216頁

教職概論
高橋 勝◆編著
A5判　並製　定価（本体2,200円＋税）

教育の理念・歴史
田中智志・橋本美保◆編著
A5判　並製　定価（本体2,200円＋税）　ISBN 978-4-86359-057-1

教育の経営・制度
浜田博文◆編著
A5判　並製　定価（本体2,200円＋税）

教育心理学
遠藤 司◆編著
A5判　並製　定価（本体2,200円＋税）　ISBN 978-4-86359-060-1

教育課程論
山内紀幸◆編著
A5判　並製　定価（本体2,200円＋税）　ISBN 978-4-86359-058-8

道徳教育論
松下良平◆編著
A5判　並製　定価（本体2,200円＋税）

特別活動論
犬塚文雄◆編著
A5判　並製　定価（本体2,200円＋税）　ISBN 978-4-86359-056-4

教育方法論
広石英記◆編著
A5判　並製　定価（本体2,200円＋税）

生徒指導・進路指導
林 尚示◆編著
A5判　並製　定価（本体2,200円＋税）　ISBN 978-4-86359-059-5

教育相談
羽田紘一◆編著
A5判　並製　定価（本体2,200円＋税）